中国劳动力素质提升对产业升级的促进作用分析

The Promoting Effect of Chinese Labor's Advancing Quality On Industrial Upgrading

梁泳梅 著

经济管理出版社

ECONOMY & MANAGEMENT PUBLISHING HOUSE

编委会及编辑部成员名单

（一）编委会

主　任：李　扬　王晓初

副主任：晋保平　张冠梓　孙建立　夏文峰

秘书长：朝　克　吴剑英　邱春雷　胡　滨（执行）

成　员（按姓氏笔画排序）：

卜宪群　王　巍　王利明　王灵桂　王国刚　王建朗　厉　声
朱光磊　刘　伟　杨　光　杨　忠　李　平　李　林　李　周
李　薇　李汉林　李向阳　李培林　吴玉章　吴振武　吴恩远
张世贤　张宇燕　张伯里　张昌东　张顺洪　陆建德　陈众议
陈泽宪　陈春声　卓新平　罗卫东　金　碚　周　弘　周五一
郑秉文　房　宁　赵天晓　赵剑英　高培勇　黄　平　曹卫东
朝戈金　程恩富　谢地坤　谢红星　谢寿光　谢维和　蔡　昉
蔡文兰　裴长洪　潘家华

（二）编辑部

主　任：张国春　刘连军　薛增朝　李晓琳

副主任：宋　娜　卢小生　姚冬梅

成　员（按姓氏笔画排序）：

王　宇　吕志成　刘丹华　孙大伟　曲建君　陈　颖　曹　靖
薛万里

本书获中国博士后基金面上资助

序 一

博士后制度是 19 世纪下半叶首先在若干发达国家逐渐形成的一种培养高级优秀专业人才的制度，至今已有一百多年历史。

20 世纪 80 年代初，由著名物理学家李政道先生积极倡导，在邓小平同志大力支持下，中国开始酝酿实施博士后制度。1985 年，首批博士后研究人员进站。

中国的博士后制度最初仅覆盖了自然科学诸领域。经过若干年实践，为了适应国家加快改革开放和建设社会主义市场经济制度的需要，全国博士后管理委员会决定，将设站领域拓展至社会科学。1992 年，首批社会科学博士后人员进站，至今已整整 20 年。

20 世纪 90 年代初期，正是中国经济社会发展和改革开放突飞猛进之时。理论突破和实践跨越的双重需求，使中国的社会科学工作者们获得了前所未有的发展空间。毋庸讳言，与发达国家相比，中国的社会科学在理论体系、研究方法乃至研究手段上均存在较大的差距。正是这种差距，激励中国的社会科学界正视国外，大量引进，兼收并蓄，同时，不忘植根本土，深究国情，开拓创新，从而开创了中国社会科学发展历史上最为繁荣的时期。在短短 20 余年内，随着学术交流渠道的拓宽、交流方式的创新和交流频率的提高，中国的社会科学不仅基本完成了理论上从传统体制向社会主义市场经济体制的转换，而且在中国丰富实践的基础上展开了自己的伟大创造。中国的社会科学和社会科学工作者们在改革开放和现代化建设事业中发挥了不可替代的重要作用。在这个波澜壮阔的历史进程中，中国社会科学博士后制度功不可没。

值此中国实施社会科学博士后制度 20 周年之际，为了充分展示中国社会科学博士后的研究成果，推动中国社会科学博士后制度进一步发展，全国博士后管理委员会和中国社会科学院经反复磋商，并征求了多家设站单位的意见，决定推出《中国社会科学博士后文库》（以下简称《文库》）。作为一个集中、系统、全面展示社会科学领域博士后优秀成果的学术平台，《文库》将成为展示中国社会科学博士后学术风采、扩大博士后群体的学术影响力和社会影响力的园地，成为调动广大博士后科研人员的积极性和创造力的加速器，成为培养中国社会科学领域各学科领军人才的孵化器。

创新、影响和规范，是《文库》的基本追求。

我们提倡创新，首先就是要求，入选的著作应能提供经过严密论证的新结论，或者提供有助于对所述论题进一步深入研究的新材料、新方法和新思路。与当前社会上一些机构对学术成果的要求不同，我们不提倡在一部著作中提出多少观点，一般地，我们甚至也不追求观点之"新"。我们需要的是有翔实的资料支撑，经过科学论证，而且能够被证实或证伪的论点。对于那些缺少严格的前提设定，没有充分的资料支撑，缺乏合乎逻辑的推理过程，仅仅凭借少数来路模糊的资料和数据，便一下子导出几个很"强"的结论的论著，我们概不收录。因为，在我们看来，提出一种观点和论证一种观点相比较，后者可能更为重要：观点未经论证，至多只是天才的猜测；经过论证的观点，才能成为科学。

我们提倡创新，还表现在研究方法之新上。这里所说的方法，显然不是指那种在时下的课题论证书中常见的老调重弹，诸如"历史与逻辑并重"、"演绎与归纳统一"之类；也不是我们在很多论文中见到的那种敷衍塞责的表述，诸如"理论研究与实证分析的统一"等等。我们所说的方法，就理论研究而论，指的是在某一研究领域中确定或建立基本事实以及这些事实之间关系的假设、模型、推论及其检验；就应用研究而言，则指的是根据某一理论假设，为了完成一个既定目标，所使用的具体模型、技术、工具或程序。众所周知，在方法上求新如同在理论上创新一样，殊非易事。因此，我们亦不强求提出全新的理论方法，我们的最低要求，是要按照现代社会科学的研究规范来展开研究并构造论著。

我们支持那些有影响力的著述入选。这里说的影响力，既包括学术影响力，也包括社会影响力和国际影响力。就学术影响力而言，入选的成果应达到公认的学科高水平，要在本学科领域得到学术界的普遍认可，还要经得起历史和时间的检验，若干年后仍然能够为学者引用或参考。就社会影响力而言，入选的成果应能向正在进行着的社会经济进程转化。哲学社会科学与自然科学一样，也有一个转化问题。其研究成果要向现实生产力转化，要向现实政策转化，要向和谐社会建设转化，要向文化产业转化，要向人才培养转化。就国际影响力而言，中国哲学社会科学要想发挥巨大影响，就要瞄准国际一流水平，站在学术高峰，为世界文明的发展作出贡献。

我们尊奉严谨治学、实事求是的学风。我们强调恪守学术规范，尊重知识产权，坚决抵制各种学术不端之风，自觉维护哲学社会科学工作者的良好形象。当此学术界世风日下之时，我们希望本《文库》能通过自己良好的学术形象，为整肃不良学风贡献力量。

中国社会科学院副院长
中国社会科学院博士后管理委员会主任
2012 年 9 月

序 二

在 21 世纪的全球化时代，人才已成为国家的核心竞争力之一。从人才培养和学科发展的历史来看，哲学社会科学的发展水平体现着一个国家或民族的思维能力、精神状况和文明素质。

培养优秀的哲学社会科学人才，是我国可持续发展战略的重要内容之一。哲学社会科学的人才队伍、科研能力和研究成果作为国家的"软实力"，在综合国力体系中占据越来越重要的地位。在全面建设小康社会、加快推进社会主义现代化、实现中华民族伟大复兴的历史进程中，哲学社会科学具有不可替代的重大作用。胡锦涛同志强调，一定要从党和国家事业发展全局的战略高度，把繁荣发展哲学社会科学作为一项重大而紧迫的战略任务切实抓紧抓好，推动我国哲学社会科学新的更大的发展，为中国特色社会主义事业提供强有力的思想保证、精神动力和智力支持。因此，国家与社会要实现可持续健康发展，必须切实重视哲学社会科学，"努力建设具有中国特色、中国风格、中国气派的哲学社会科学"，充分展示当代中国哲学社会科学的本土情怀与世界眼光，力争在当代世界思想与学术的舞台上赢得应有的尊严与地位。

在培养和造就哲学社会科学人才的战略与实践上，博士后制度发挥了重要作用。我国的博士后制度是在世界著名物理学家、诺贝尔奖获得者李政道先生的建议下，由邓小平同志亲自决策，经国务院批准于 1985 年开始实施的。这也是我国有计划、有目的地培养高层次青年人才的一项重要制度。二十多年来，在党中央、国务院的领导下，经过各方共同努力，我国已建立了科学、完备的博士后制度体系，同时，形成了培养和使用相结合，产学研相结合，政府调控和社会参与相结合，服务物质文明与精神文明建设的鲜明特色。通过实施博士后制度，我国培养了一支优秀的高素质哲学社会科学人才队伍。他们在科研机构或高等院校依托自身优势和兴趣，自主从事开拓性、创新性研究工作，从而具有宽广的学术视野、突出的研究能力和强烈的探索精神。其中，一些出站博士后已成为哲学社会科学领域的科研骨干和学术带头人，在"长江学者"、"新世纪百千万人才工程"等国家重大科研人才梯队中占据越来越大的比重。可以说，博士后制度已成为国家培养哲学社会科学拔尖人才的重要途径，而且为哲学社会科学的发展造就了一支新的生力军。

哲学社会科学领域部分博士后的优秀研究成果不仅具有重要的学术价值，而且具有解决当前社会问题的现实意义，但往往因为一些客观因素，这些成果不能尽快问世，不能发挥其应有的现实作用，着实令人痛惜。

可喜的是，今天我们在支持哲学社会科学领域博士后研究成果出版方面迈出了坚实的一步。全国博士后管理委员会与中国社会科学院共同设立了《中国社会科学博士后文库》，每年在全国范围内择优出版哲学社会科学博士后的科研成果，并为其提供出版资助。这一举措不仅在建立以质量为导向的人才培养机制上具有积极的示范作用，而且有益于提升博士后青年科研人才的学术地位，扩大其学术影响力和社会影响力，更有益于人才强国战略的实施。

今天，借《中国社会科学博士后文库》出版之际，我衷心地希望更多的人、更多的部门与机构能够了解和关心哲学社会科学领域博士后及其研究成果，积极支持博士后工作。可以预见，我国的博士后事业也将取得新的更大的发展。让我们携起手来，共同努力，推动实现社会主义现代化事业的可持续发展与中华民族的伟大复兴。

人力资源和社会保障部副部长
全国博士后管理委员会主任
2012 年 9 月

摘　要

　　本书以人力资本理论、经济增长理论和结构红利假说为基础，提出了劳动力素质提升能够推动产业升级的假说，并通过实证检验进一步对其修正，认为当一个国家的劳动力素质不断提高、劳动力素质结构出现优化时，如果各种素质的劳动力都能得到充分、有效的利用，则能够促进该国的产业升级。同时，本书还提出，中国已经进入了劳动力与产业升级相互促进又相互制约的阶段。

　　近年来，中国劳动力素质确实有了大幅提高，无论是从劳动力的受教育程度，还是从劳动力的技术水平来看，劳动力素质结构都出现了不同程度的优化。这为中国的产业结构升级奠定了最重要的劳动力基础。

　　这种劳动力素质的提升是否能够促进产业升级呢？本书首先对美国、爱尔兰等国家的相关发展经验进行了总结，可以发现，这些国家都有效地把握住了劳动力结构变化的契机，适时大力推进产业结构升级；再利用产业结构升级的要求进一步完善劳动力的素质结构，形成了劳动力结构与产业升级的良性互动。

　　回到中国的现状，从微观企业的层面来看，劳动力素质结构的优化确实成为了企业升级的重要拉动力量。该结论是基于以下的分析：①通过对中国上千家企业的大样本问卷调查发现：一方面，劳动力成本的上升以及农村外出转移劳动力的减少形成了促进企业升级的外推力。另一方面，劳动力的供求结构也发生了变化，其中，技术工人供给平衡，揭示企业已进入通过提升技术实现产业升级的通道；工程师供不应求，预示着进一步的产业升级仍然受到制约；普通劳动者招聘容易，说明企业正逐步脱离低端无技术含量的生产环节。劳动力结构的变化从企业内部形成了内在拉动力，为企业的升级提供了人才和技术支持。另外，针对企业家的大样本调查也表明，企业家认为未来竞争力的来源在于先进的生产技术和高素质的劳动力。②针对华为公司和沁新集团的典型企业案例分析也表明，一方面，那些具有充足的受教育程度较高、技术水平也较高的劳动力的企业，已经较快实现了升级；另一方面，另一些企业未能实现转型升级、提升产业链环节的最主要的限制因素，则是缺乏技术型劳动力。这些分析表明，产业升级与劳动力素质提升，以及劳动力素质结构的优化之间，存在着匹配关系。

但是，通过对中国宏观产业结构的分析发现，中国的产业升级还比较缓慢，产业结构仍然比较落后。中国当前的产业结构升级还远远滞后于劳动力素质结构的优化，由此产生了产业结构升级与劳动力素质结构优化两者的脱节。

产业结构升级与劳动力素质结构优化两者脱节的根源，在于我国劳动力素质的利用效率较低。本书通过利用 2004 年与 2008 年全国经济普查中的劳动力素质数据，使用基于包含劳动力素质的效率损失测度法（Slack – Based Inefficieng, SBI），测算了中国 29 个地区不同素质层次水平的劳动力的利用效率，发现：①与未考虑劳动力素质的情形相比，在考虑了劳动力素质因素后，大部分地区的劳动力利用效率下降。这说明我国的高素质劳动力存在着利用不足的问题。②从不同素质层次的劳动力来看，按全国平均水平衡量，素质相对较低的普通劳动者的利用效率最高，而素质较高的劳动力利用效率相对较低。这说明我国主要依赖于低素质水平的普通劳动者，还未充分发挥大量高素质劳动力的作用。③从地区来看，在考虑了劳动力素质因素后，西部地区的劳动力利用效率相对较低，东部地区与中部地区的劳动力利用效率相对较高。东部地区的产业升级，与该地区对劳动力的高利用效率密切相关。④通过进一步的计量检验发现，目前我国的省级劳动力素质与劳动力利用效率负相关。鉴于中国目前的劳动力素质与产业升级之间并未有效匹配，本书建议，需要尽快提高对各种素质水平的劳动力的利用效率，尤其是提高对高级技术工人的利用效率，这样才能充分发挥高素质劳动力对产业升级的促进作用。

　　最后，本书针对中国企业出现有订单却招聘不到足够多合适的劳动力的新问题进行了深入分析，发现中国已经进入了劳动力与产业升级相互促进又相互制约的阶段。在当前阶段，中国企业已经进行了一定程度的产业升级，由此引致的需求培养了一部分技术人才，但升级程度还不够。因此，一方面，企业没有足够的利润空间为技术型劳动力提供具有吸引力的工资；另一方面，由需求引致的技术型人力供给也还不充分。中国企业只有继续进行升级，才能获得更多的利润空间和促进更多的技术人才供给。

　　关键词：劳动力素质　产业升级　劳动力利用效率　效率损失测度法

Abstract

Based on human capital theory, theory of economic growth and the structure-bonus hypothese, this book proposed the hyposhesis that the upgrade of labore quality can promote industrial upgrading, and then, based on the empirical test, amended the hyposhesis further into this: when a country enters the higher phase with continuous improvement of the labor quality and optimization of labor quality structure, the upgrade of labor quality can promote industrial upgrading if most of the labor in various qualities have been fully effectively imployed. Besides, this book also points out that China has entered the stage at which labor and industrial upgrading have mutual promotion and mutual restraint.

In recent years, China has seen a great enhancement of the labor quality. The structure of labor quality has been optimizing in different degrees judging by the educated degree or the technology level of labor force. This lay the most important laborforce foundation for China's industrial upgrading.

By summaried the development experience in United States and Ireland, this book found that all these countries have grasp the opportunity of change in labor force structure to promote industrial upgrading in a timely and vigorously manner, and then reuse the industrial structure upgrading requirements to further improve the quality structure of labor force, which forms a virtuous interaction of labor force structure and industrial upgrading.

Back to the status quo of China, from the perspective of the micro enterprise level, the optimization in labor force's quality dose become an important drive forcing companies to upgrade. This conclusion is based on the following analysis: ①A large sample survey of thousands of Chinese companies reviews that on the one hand, rising labor force cost and reducement of the migrant labor have together form an outer drive for the companies to upgrade. On the other hand, labor supply and demand structure has also changed. Balance between the supply and demand for skilled technical workers reveals companies have already in the way of industrial upgrading; the supply of engineers can not meet the demand may suggest constraint in further industrial upgrading; Easy recruitment in ordinary workers reveals that companies are gradually departing from the low-end non-tech production processes. Structural changes in labor force have formed the internal pulling power for the upgrading of companiese providing personnel and technical support. Besides, the large sample survey of entrepreneurs also shows that entrepreneurs recognized source of future competitiveness lies in technology and high-quality labor force. ②The case study on Huawei and Qinxin also showed that on the one hand, those companies which own highly-educated and skilled labor force have achieved rapid upgrade; on the other hand, the main limiting factor for the companies which failed to upgrade is the lack of professional and technical labor force. These analysis indicates that there is a matching relationship between industrial upgrading and enhancement of the labor quality as well as optimization on labor structure.

However, analysis on China's macro industry structure reveals that industrial upgrading in China is still slow. China's current industrial upgrading is lagging behind the labor force quality upgrading, which forms a contradiction between industrial structure upgrading and labor quality structure optimization.

The root of the conflict between industrial structure upgrading and labor quality structure optimization lies in inefficient utilization of labor force quality. Employing the 2004 and 2008 economic census data and the method of slacks-based inefficiency measurement considering labor force quality, this book estimates the employment efficiency of different levels of labor force qulity in China's 29 regions and found that: ①Compared with the case which did not consider the labor quality, the labor-utilization efficiency decreased in most areas after taking in account the quality fator. This indicates an underutilization problem in highly-qualified labor force. ②When judging by different labor quality level, the utilization efficiency of ordinary workers is highest while that of high-quality workforce is relatively low, by means of national average level. This indicates that Chian relies on low-quality ordinary workforce and fails to make good use of those high-quality labor forces. ③When judging regionally, after considering the factors of labor quality, the utilization efficiency of labor force in western region is relatively low while that in eastern and central regions is high. There is a close relationship between industrial upgrading and the efficient employment of the labor force. ④Futher econometric test found that China's current provincial labor quality is negatively correlated to employment efficiency of labor force. Given the current situation that labor quality and industrial upgrading is not well matched, this book suggested the need to improve the utilizaion efficiency of various quality levels of labor force, especially that of senior skilled workers, to give full play to the role of high-quality labor force on promoting industrial upgrading.

Finaly, this book analysed the new issue that some Chinese companies having orders but cannot recruit enough suitable workers, and the book also found that China has entered the stage at which labor and industrial upgrading have mutual promotion and mutual restraint. At this stage, Chinese enterprises have been upgrading into a certain degree, and a part of trained technical personnel appear arising from the need of industrial upgrading. But the upgrade is not enough, so, on the one hand, companies do not have enough profit to support attractive wage for the technology-based labor force; on the other hand, the supply of technology-based labor force is not enough to meet the need arising out of industrial upgrading. Chinese companies must continue to keep upgrade, to get more profit and promote more supply of technology-based labor force.

Key Words: Labor Quality; Industrial Upgrading; Labor Utilization Efficiency; Slack-based Inefficiency (SBI)

目　录

Contents

第一章 绪 论

一、研究背景和目的

改革开放以来，中国的社会经济经历了 30 多年的快速发展，在取得伟大成就的同时，也积累了许多问题。例如，竞争优势主要来自廉价的低端劳动力，生产技术相对落后，自主创新能力较弱，从而使得生产制造被禁锢在全球价值链的低端环节。为此，党中央提出了加快经济发展方式转变，其中，特别强调了产业升级。一方面是加快推进产业结构调整；另一方面是加快推进传统产业技术改造，全面提升产业技术水平和国际竞争力。

产业升级的推动因素有很多，包括劳动力素质的提高、组织结构的变化、对外贸易的发展、政策的鼓励，等等。其中，最关键的因素是劳动力因素。因为劳动力是生产和经济发展中不可或缺的投入因素，也是最能动的因素，既是技术的承载因素，也是创新的主体。当经济的发展越来越依靠技术进步时，劳动力的作用就越突出。一般来说，当劳动力的素质不断提高、劳动力的素质结构不断优化时，产业升级就越容易实现。

那么，我国现在是否已经具备了新的、有利于产业升级的劳动力基础呢？如果已经具备了这样的劳动力基础，那它促进产业升级的机制是什么？劳动力促进产业升级又需要什么样的条件？这种条件在当前中国的经济发展过程中是否已经具备？这些问题的回答，对于加快推动我国产业升级进而实现经济发展方式的转变，具有十分重要的现实意义，这也正是本书要研究的主要问题。

二、研究假说、研究思路和结构安排

本书的研究主要基于以下假说：一个国家的劳动力素质不断提高和劳动力素质结构的优化，能够有效促进该国的产业升级。

一方面，该假说的提出是具有理论基础的。现有的经济增长理论和人力资本理论都较一致地认可并证实了劳动力素质水平的提高（包括劳动力的技术水平、知识结构、劳动经验的积累等）对经济增长的促进作用，并将其放在了越来越重要的地位。另外，结构红利的理论假说则提示了劳动力素质结构的优化对产业升级的推动作用。当高素质劳动力在整体劳动力中的比重不断上升，即劳动力素质结构不断优化时，可流动的高素质劳动力数量相应增加；若高素质的劳动力从劳动生产率较低的产业流向劳动生产率较高的产业，则同样数量和质量的劳动要素投入就能够带来更多产出，劳动力要素的重新配置会促进整体产业的提升。

另一方面，该假说的提出也具有现实基础，是基于对发达国家经济发展和产业升级经验的总结。本书在对美国与爱尔兰的经济发展过程进行梳理时发现，其经济的快速发展和产业升级，总是伴随着劳动力素质的提升和劳动力素质结构的优化。因此，有理由相信，一国劳动力素质结构的优化是该国产业升级的重要推动力量。

为了对该假说进行验证，本书按以下研究思路和方法来进行分析和检验，并基于此分析对理论假说进行完善和修正。

第一步，首先对改革开放以来中国劳动力素质提升和劳动力素质结构优化的状况进行分析，其结论是，当前中国已经具备了产业升级的劳动力基础。

第二步，分别从微观企业层面和宏观经济层面来考察在现有的劳动力素质结构下产业升级是否已经产生。在这部分的分析中，经济体的表现十分复杂。从微观企业层面上看，通过大样本问卷调查和典型企业案例分析的方法，发现劳动力素质结构的优化确实成为了企业升级的重要拉动力量：①通过对中国上千家企业的大样本问卷调查发现：一方面，劳动力成本的上升以及农村外出转移劳动力的减少形成了促进企业升级的外推力；另一方面，劳动力的供求结构也发生了变化，其中，技术工人供给平衡揭示，企业已进入通过提升技术实现产业升级的通道，工程师供不应求预示着进一步的产业升级仍然受到制约，普通劳动者招聘容易则说明企业正逐步脱离低端无技术含量的生产环节。劳动力结构的变化从企业内部形成了内在拉动力，为企业的升级提供了人才和技术支持。另外，针对企业家的大样本调查也表明，企业家认为未来竞争力的来源在于先进的生产技术和高素质的劳动力。②针对华为公司和沁新集团的典型企业案例分析也表明，一方面，那些具有充足的受教育程度较高、技术水平也较高的劳动力的企业，已经较快实现了升级；另一方面，另一些企业未能实现转型升级、提升产业链环节的最主要的限制因素，则是缺乏技术型劳动力。这些分析表明，企业升级与劳动力素质提升以及劳动力素质结构的优化之间，存在着匹配关系。因此，从微观企业的层面上看，劳动力素质结构优化促进产业升级的假说是成立的。

但是，从宏观经济层面上看，中国的产业升级还比较缓慢，产业结构仍然比较落后。虽然中国的产业升级已经在进行，但是，从劳动生产率来看，中国的劳动力仍然集中在生产率较低的产业，产业结构远未达到优化状态。中国当前的产业结构升级还远远滞后于劳动力素质结构的优化，也就是说，劳动力素质提升对中国产业升级的推动作用并不明显。这与微观企业层面的分析存在矛盾，也与现有经济理论及国际发展经验存在着矛盾。

那么，这种产业结构升级与劳动力素质结构优化不匹配的根源是什么呢？笔者认为，当前劳动力素质结构优化未能明显促进宏观层面上产业结构升级的主要原因在于：劳动力尤其是高素质劳动力的利用效率不足，导致高素质劳动力未能充分发挥其推动技术进步和经济发展的作用。该结论是通过对全国各个地区的劳动力利用效率测算分析得出的。本书第六章运用数据包络分析方法（DEA）中的效率损失测度法（SBI）方法，测算了全国 29 个地区的不同素质和技术水平的劳动力的利用效率，并通过计量回归分析了影响劳动力利用效率的因素。通过分析，将原有假说进一步修正和完善为：只有当各种素质的劳动力，尤其是高素质劳动力得到充分有效的利用时，劳动力素质结构的优化才能促进产业升级。

另外，本书还关注了当前中国企业面临的一个新问题：有订单却招聘不到足够多合适的劳动力。第七章对该问题进行了深入分析，发现中国已经进入了劳动力与产业升级相互促进又相互制约的阶段。在当前阶段，中国企业已经进行了一定程度的产业升级，由此引致的需求培养了一部分技术人才，但升级程度还不够。因此，一方面，企业没有足够的利润空间为技术型劳动力提供具有吸引力的工资；另一方面，由需求引致的技术型人力供给也还不充分。中国企业只有继续进行升级，才能获得更多的利润空间和促进更多的技术人才供给。

第八章在综合以上分析的基础上，得出本书的结论，并提出了相关的政策建议。

上述研究思路和结构安排，可以用图 1－1 简要示意。

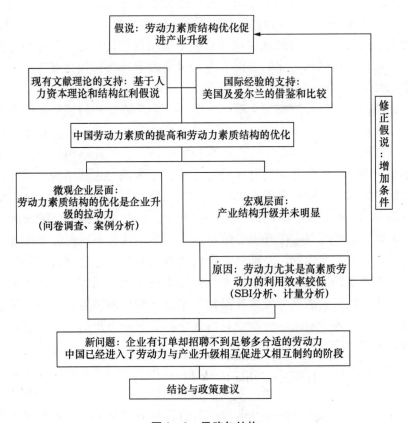

图 1－1　思路与结构

第二章 文献综述

劳动力素质提高以及劳动力素质结构优化能够促进产业升级的假说，主要是基于人力资本理论提到的劳动力素质对经济发展的促进作用，以及结构红利假说所揭示的高素质劳动力从低生产率产业流向高生产率产业对产业结构升级的推动作用。

一、产业升级的概念与界定

关于产业升级的内涵，目前学术界还没有形成一致的界定。Porter（1990）通过对获得竞争力的分析，将产业升级看成是产业由劳动密集型向资本和技术密集型转移的过程，由于要素的充裕程度发生变化从而产业获得了竞争优势，以此来实现升级。Gereffi（1999）较早地将产业升级的界定建立在了统一、细致的框架内，以全球价值链为基础，认为产业升级和创新可分为四个层次：一是在产品层次上的升级和创新，即同类型产品从简单到复杂的过程。二是在经济活动层次上的升级和创新，包括不断提升的设计、生产和营销能力。三是在产业内层次上的升级和创新，如从最终环节的制造到更高价值产品和服务的生产，也包括价值链的前向和后向联系。在这三个层次上，Gereffi（1999）还专门以东亚国家的服装制造业升级为例，提出了其基本的升级路径：从组装加工进口原料，到增加当地产品和采购，再到贴牌设计，最后升级到拥有自主品牌并将产品销往国内外市场。四是在产业间层次上的升级和创新，即从低价值劳动密集型产业到资本和技术密集型产业。Humphrey 和 Schmitz（2002）在此基础上，又进一步提出了产业升级的四个类型：一是过程升级，通过重构生产体系或者是引进更先进的技术，来提高生产效率；二是产品升级，转向生产更加精密和尖端的产品（这通常也被定义为单位价值不断提升的产品），通过改进产品功能与用途增加产品附加值；三是功能升级，通过增加新的功能如设计、营销等功能（或者淘汰现有的简单功能），来提升所有活动的技术水平；四是部门间的升级，也即链条升级，企业从原来的产业转向新的产业，实现产业多元化。

可见，虽然不同的学者对产业升级的具体内容的界定有所差异，但其隐含的判断产业升级的基本标准是比较一致的，即通过各种层面和方式的改变，来提高生产者最终获得的产品附加值。

高附加值的产业阶段和高生产率的产业阶段既有区别又有联系。严格来说，高附加值的产业阶段，是指针对单个产品而言，相同的投入能够获得更高的价值；高生产率的产业阶段，则是指对生产商全部的生产而言，相同的投入能够带来更多的产出，从而获得总体上的更高的价值，但是单个产品的附加价值可能并不高。然而，在很多时候，高附加值的产业阶段和高生产率的产业阶段往往是重合的。因为，当使用新的技术或者是更高素质的劳动力时，既带来了生产率的提高，同时也会为产品带来更高的附加价值。

产业升级与产业结构密切联系。朱卫平等（2011）认为，产业升级同时也是一个产业结构提升的过程，是由于生产要素的动态转化促使新兴主导产业不断出现，旧主导产业进行技术提升和组织形式变革的过程。在实证研究中，也有很多学者将产业升级视为产业结构的高度化，其中一个体现就是三次产业结构从"一产、二产、三产"到"二产、三产、一产"，再进步到"三产、二产、一产"的过程。

根据以上文献分析，可以看出"产业升级"这一概念同时包含了微观、中观和宏观各个层面的内容。在微观企业的层面上，产业升级是指企业以价值链攀升为基础所进行的产品升级、过程升级、功能升级等工作，在此层面上，"企业升级"等同于"产业升级"。在中观产业的层面上，产业升级是指以企业升级为基础的整个产业在全球价值链上的提升。在整个宏观经济的层面上，产业升级除了包含上述两个层面的内容，还包含有产业结构优化的内涵。[①]

[①] 由于产业升级的三个层面是密不可分的，中观产业层面的升级要建立在微观企业层面的升级的基础上，宏观经济层面的产业升级也离不开微观企业层面和中观产业层面的升级，因而，本书不对"产业升级"和"企业升级"的用法进行严格区分。

二、劳动力素质与产业升级——基于人力资本理论

劳动力素质对产业升级的影响，一个重要的理论基础是人力资本理论。人力资本的积累，从某个角度而言就是劳动力素质的不断积累和提高。人力资本理论认为，人力资本的积累能够促进经济增长。这就意味着，劳动力素质的提高，可以带动劳动力所在产业不断快速增长、提高劳动生产率，从而实现该产业内的升级。

现代人力资本理论的开创者是 Schultz，他认为，人力资本体现为积累在劳动者身上的知识和技能，也体现为劳动者通过对其掌握的知识和技能的运用展现出的劳动能力。不同于传统经济学理论只关注物质资本和劳动力数量对经济增长的影响，Schultz（1960）把拉动经济增长的要素考查范围进一步扩大，发现劳动力的知识和能力对经济增长的贡献甚至比物质资本和劳动力数量更为重要。其中，专业化的人力资本对经济增长的影响尤其重要。随后，关于人力资本的定量分析开始增加。如 Hirofumi（1965）将人力资本纳入一个包含了消费品生产部门和教育部门的两部门增长模型，发现由于人力资本的作用，使得实际的有效劳动量增加，从而改变了物质资本积累的收益递减趋势，经济增长得以持续。Romer（1990）通过其内生经济增长理论，将人力资本进一步具体化为研究与开发（R&D），将研究与开发部门人力资本的增加看成是技术进步的原因之一。Romer 将 R&D 引进经济增长模型，发现研究与开发部门的人力资本的变化不仅很好地解释了经济增长，而且也能很好地解释各国经济增长的差异，一国的 R&D 部门的人力资本越多，经济增长速度就越快。Lucas（1988）将前人的观点进行了总结，通过建立人力资本溢出的经济增长模型，将经济增长的根本动力指向了人力资本增长。在 Lucas 模型中，人力资本具有边际收益递增和外部溢出的特征，因此，由于人力资本增长导致的知识积累和技术创新，不仅能够使人力资本自身的收益在增长，而且其溢出效应也会促进其他要素的收益增长。

国内学者根据中国的现实经济增长情况，更加具体地研究了中国的劳动力素质以及人力资本增长对中国的产业升级和经济增长的影响。代谦等（2006）研究了人力资本对发达国家 FDI（外商直接投资）产业的选择、对发展中国家经济增长和技术进步的影响，发现 FDI 能否给发展中国家带来技

术进步和经济增长依赖于发展中国家的人力资本积累，只有辅之以较快速度的人力资本积累，FDI才能给发展中国家带来技术进步和经济增长。因为，发达国家FDI产业的选择依赖于发展中国家的技术能力和竞争能力，发展中国家技术能力和竞争能力越强，发达国家则倾向于将更多更先进的产业转移到发展中国家。杨立岩等（2003）对人力资本、基础研究与经济增长的关系进行了研究，发现经济的长远增长率和基础科学知识的长远增长率成正比，而决定基础科学知识长远增长率的最终变量为经济体中的人力资本存量。中国经济增长与宏观稳定课题组（2007）提出，目前，中国偏重于吸收低素质劳动力，导致大量劳动密集型产品在国际市场上不仅遇到了来自新兴工业化国家（地区）的强大竞争，而且遇到了发达国家频繁的反倾销阻力；这种经济结构过度耗费资源，最终导致经济增长的不可持续。因此，以吸收低素质劳动力为主的粗放式投资及相应经济结构必须转型。

三、劳动力素质与产业升级——基于结构红利

劳动力素质影响产业升级的另一个理论基础是结构红利假说。结构红利假说认为，当投入要素流动导致经济结构的优化并产生要素重置效应时，会促进整体经济的增长。显然，该假说支持以下命题：一方面，当高素质的劳动力从劳动生产率较低的产业流向劳动生产率较高的产业时，同样数量和质量的劳动要素投入能够带来更多产出，劳动力要素的重新配置会促进整体产业的提升。另一方面，当劳动力以及社会产出都更加集中在具有更高生产率的产业上时，这本身就是产业结构提升的一种表现。

结构红利假说的思想，起源于克拉克和库兹涅茨等人对产业结构演变和经济发展的研究中，随后，许多经济学家运用各个国家不同发展阶段的统计数据进行了实证分析，结构红利假说获得接受。例如，Chenery（1986）在对各国的工业化和经济增长进行比较研究时就曾指出，经济结构的变化对经济增长有很大影响。他发现，在20世纪六七十年代，中等收入国家往往比高收入的工业化国家和低收入的农业国，经济增长得更快，其原因主要是：首先，中等收入国家的物质资本的积累速度以及其技术工人增长的速度都相对较快；其次，劳动力和资本在不同的经济部门之间流动，从而使各种要素的使用效率更高，与此同时，相应的需求也会加大；最后，半工业化国家中的经济结构往往呈现相对多样化，这样，当某些部门的贸易

和需求发生变化时，整个经济并不会太脆弱以至于不能承受这些变化带来的冲击。Harberge（1998）曾形象地把经济增长过程的两种形式比喻为发酵式和蘑菇式，其中，蘑菇式的增长主要是由于生产要素从低生产率的行业转移到高生产率的行业，从而使生产率出现差异性的提高，体现的是行业结构变化的效应。

中国进行经济改革以来，各种经济结构都发生了巨大变化，为国内学者近年来研究结构红利假说提供了更为丰富的资料。张军、陈诗一和Jefferson（2009）研究了中国工业在持续的结构改革中保持较快增长的原因，通过对中国工业TFP（全要素生产率）增长分解后发现，由工业结构改革引致的行业间要素重置显然对改革开放期间中国工业生产率的提高乃至工业增长起到了实际推动作用，即结构红利是显著存在的；但是，进入21世纪以后，结构红利出现了下降的趋势。张翼、何有良（2010）实证研究了1978~2008年中国产业结构变迁过程中要素重置对中国经济增长的贡献，并分别对1990~2008年中国第二产业和第三产业内部结构变迁的要素配置效应进行了实证分析，发现：中国三次产业间结构的变动引起了要素从第一产业流向第二、第三产业，这些要素重置促进了全社会劳动生产率的提高，从而推动了中国经济增长。其中，第二产业内部轻工业受产业内部结构变迁带来的要素重置作用最为明显。

但是，也有部分学者认为，中国并不存在结构红利。吕铁（2002）采用1980~1997年各地区的制造业的样本数据，发现中国制造业的结构变化对劳动生产率增长的影响尽管存在，但并不显著，其原因主要是，中国制造业劳动投入的平均结构变化并没有明显地向高劳动生产率和劳动生产率高增长的行业倾斜。李小平（2007）通过检验中国制造业在1985~2003年的结构变动与生产率增长的关系时发现，中国制造业的结构变动并没有导致明显的结构红利，主要是因为，在制造业行业之间的资源配置中，劳动和资本要素并没有向高生产率的行业流动。

第三章　国际经验的借鉴与比较

不可否认，关于产业升级与产业结构的调整，发达国家走在了前面。这些国家有效地把握住劳动力结构变化的契机，适时大力推进产业结构升级，再利用产业结构升级的要求进一步完善劳动力的素质结构，形成了劳动力结构与产业升级的良性促进。本章选择美国与爱尔兰作为研究对象，力图通过分析这些国家在产业结构发生重要变化的时期里劳动力结构的变化历程及产业结构的变化方向，寻找出劳动力结构与产业升级的关系。

第一节　美国的产业升级与劳动力素质结构优化

美国是当今世界上公认的经济、科技、军事等综合实力最强的超级大国，上百年来，不仅国内生产总值始终位居世界第一，而且其技术创新和产品创新力也最具影响力。美国带动和发起了多次产业革命，并一直在原子能、电子计算机、空间技术、信息技术、新能源新材料技术、生物技术和海洋技术等诸多领域保持着技术领先的地位，并通过持续不断的科技创新和应用来促进经济持续发展。科技创新和持续产业升级的背后，是坚实、庞大、多样化的人才基础。分析美国的劳动力结构和产业升级，对于同为经济大国与人口大国的中国，具有重大的现实意义。

一、美国的产业结构升级历程

1. 美国的产业结构

美国的产业结构，经历了由农业国向工业大国、工业强国的转变，并在20世纪中期以后，又经历了从以制造业为主，向以金融、保险、房地产和房屋租赁业，以及专业技术服务与商务服务业为主的转变和升级历程。

（1）从农业社会向工业社会的转变。美国经济在建国后相当长的一段时间内，仍然是以农业为主导。直到南北战争前夕，美国全国人口80%以上还在农村，农业的增加值在国民收入中仍占80.85%，制造业的增加值仅占12.1%。到19世纪70年代末，美国开始由农业国向工业国过渡。在1869～1878年，农业产值占美国私人国内总产值的38%，而且重要工业部门半数以上是以农畜产品为原料的，铁路运输也在相当大的程度上依赖于农业。19世纪后期，工业开始迅速上升。1884年美国工业净产值首次超过农业净产值，占工农业净产值的53.49%。美国在1884年完成了由农业国向工业国的过渡后，经过短短6年的时间，到1890年其工业生产总值就已达到94.98亿美元，超过了英国、法国和德国，跃居世界首位。1900年，美国工业品总产值达到农产品总产值的2倍。1900年，美国基本上成为工业国，基本完成由农业国向工业国阶段的过渡。19世纪后期至20世纪初美国工业飞速发展。1860～1913年，美国工业生产增长11.5倍，而德国工业生产只增长了6.1倍，法国工业生产只增长了2.8倍，英国工业生产只增长了1.9倍。1913年美国工业产量占世界工业总产量的36%，比英、法、德、日四国工业产量的总和还略多。①

（2）从工业化向后工业化的转变。在完成了工业化的进程后，美国又开始向后工业化迈进。进入20世纪中期以后，美国的产业结构，经历了从以制造业为主，向以金融、保险、房地产和房屋租赁业，以及专业技术服务与商务服务业为主的转变和升级历程。

美国的产业结构，即产品生产行业（Goods-producing Industries）② 和服务业（Services-producing Industries）的增加值占 GDP（国内生产总值）的比重，在20世纪80年代发生了较大变化（见图3－1和表3－1）。1950年，美国私人部门的产品生产行业和服务业③的增加值占 GDP 的比重分别为

① 刘万翔：《科学技术教育与美国近代科学技术和工业生产的发展》，《当代经济科学》1990年第3期。

② 这里所提到的产品生产行业（Goods-producing Industries），不仅仅包括平时所指的制造业（Manufacturing），还包括了农、林、牧、渔业，采掘业和建筑业。

③ 服务业（Services-producing Industries）包括公共工程，零售和批发业，运输和仓储业，信息业，金融和保险业，房地产和房屋租赁，科学技术服务，企业管理，废水处理，教育、医疗和社会保险，艺术，娱乐，餐饮和住宿业和其他服务业，但并不包括政府管理服务。

40.8%和48.5%，产品生产行业和服务业的发展基本相当。随后，服务业的增加值所占比重逐渐上升，到1980年上升至56.0%。在完成由农业国向工业国转变的100年后，美国又完成了由工业国向服务大国的转变。服务业的增加值占GDP的比重，20年内增长了7.5个百分点。到了20世纪80年代，服务业发展加速，其增加值所占比重迅速上升，1980～1990年，10年内增长了6个百分点，速度几乎比前20年快了一倍。服务业的飞速发展，导致了美国产业结构的巨大变化，1990年，产品生产行业和服务业的增加值占GDP的比重分别为24.1%和62.0%。此后10多年，服务业一直保持着快速增长的势头，2002年服务业的增加值所占比重达到68.0%，服务业的增加值是产品生产行业的增加值的3.5倍。随后几年，服务业的相对增长明显放慢，2002～2008年，服务业的增加值所占比重略有小幅下降，其比例均未超过68.0%，2009年则再次上升至68.7%。

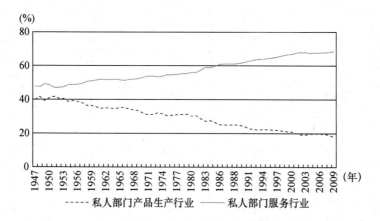

图3-1 美国私人部门制造业和服务业的增加值占比的变化（1947～2009年）
资料来源：美国经济分析局。

从细分行业①来看，21世纪中期以来，美国产业结构的变化则更加明显（见图3-2和表3-2）。制造业曾经是20世纪初最大的行业，如今其相对地位则有了大幅下降。制造业的增加值占GDP的比重从最高的28.3%（1953年）下降至2009年的11.2%。在20世纪80年代之前，制造业的增加值占GDP的比重还经历了几次反复波动，虽然趋势是在下降，但在20

---

① 此处采用的行业分类标准是北美行业分类体系（NAICS）。

表3-1　　　　美国私人部门制造业和服务业的增加值占比的变化　　　单位:%

年份	私人部门制造业	私人部门服务业	年份	私人部门制造业	私人部门服务业
1947	39.7	47.8	1979	31.2	55.3
1948	41.6	47.3	1980	30.2	56.0
1949	39.2	49.1	1981	30.4	56.0
1950	40.8	48.5	1982	28.5	57.3
1951	41.7	46.9	1983	27.1	59.0
1952	40.6	47.0	1984	27.4	58.9
1953	40.4	47.3	1985	26.3	59.8
1954	38.7	48.6	1986	25.1	61.0
1955	39.2	48.6	1987	25.0	61.1
1956	38.7	48.9	1988	25.1	61.1
1957	38.0	49.4	1989	24.8	61.5
1958	36.2	50.6	1990	24.1	62.0
1959	36.3	50.9	1991	22.9	62.8
1960	35.4	51.4	1992	22.4	63.4
1961	34.6	51.9	1993	22.1	63.9
1962	34.8	51.7	1994	22.4	64.0
1963	34.7	51.6	1995	22.2	64.4
1964	34.4	51.9	1996	22.1	64.8
1965	35.0	51.5	1997	21.9	65.3
1966	35.1	51.2	1998	21.5	66.0
1967	33.9	51.8	1999	21.1	66.6
1968	33.7	51.9	2000	21.0	66.8
1969	33.1	52.3	2001	20.0	67.6
1970	31.5	53.2	2002	19.3	68.0
1971	30.9	53.8	2003	19.2	67.9
1972	31.1	53.8	2004	19.7	67.6
1973	32.0	53.4	2005	19.8	67.7
1974	31.4	53.7	2006	19.8	67.7
1975	30.3	54.6	2007	19.6	67.9
1976	30.6	54.6	2008	19.1	68.0
1977	30.9	54.8	2009	17.7	68.7
1978	31.0	55.2			

资料来源:美国经济分析局。

世纪60年代初期和70年代末期，还有较大幅度的上升；从20世纪80年代末期开始，便几乎呈现出直线下降态势。

农、林、牧、渔业从20世纪中期增加值第三大的行业，不断下降，成为目前增加值最小的行业。1948年，农、林、牧、渔业创造的增加值占GDP的比重曾达8.6%，此后一直有较快的下降，1999年降至1.0%。21世纪后，农、林、牧、渔业的相对规模开始保持平稳，其增加值占GDP的比重基本维持在1%左右的水平。目前，农、林、牧、渔业是全美国增加值所占比重最小的行业。

金融、保险、房地产和房屋租赁业在20世纪中期已经是一个比较重要的行业，如今，其重要性则越加明显。金融、保险、房地产和房屋租赁业创造的增加值占GDP的比重，从1947年的10.5%快速上升，1961年达到14.6%，随后近10年经历了相对增长停滞的阶段，从1978年又开始了新的快速增长期，1986年其增加值占GDP的比重达18.0%，首次超过制造业的增加值所占比重。2009年，该行业的增加值占GDP的比重达到21.5%，成为美国最重要的、增加值所占比重最大的行业。

专业技术服务与商务服务业从一个当初的小行业，发展成为当今美国除了制造业，金融、保险、房地产和房屋租赁业外的第三大行业。专业技术服务与商务服务业在20世纪中期规模还比较小，1947年其增加值占GDP的比重仅有3.3%，到了1976年也仅有5.3%。随后，该行业开始了快速的发展，1990年其增加值占GDP的比重就提高到了8.9%，在经历了短暂的调整期后，从1994年开始再次进入高速发展时期。2008年，其增加值所占比重首次超过了制造业，2009年为12.0%。

信息业（包括出版传媒和信息数字处理）也有所增长，但是增长幅度并不大。50多年来，其增加值占GDP的比重从2.8%上升到4.5%，仅提高了1.7个百分点。

2. 增加值率所表现的产业结构升级

美国这种产业结构的变化，是否就是产业结构的升级呢？对此，还必须通过其他的指标来进行判断。产业结构的升级可以从几个角度来评价。其中，从分配角度来说，就是通过产业结构的调整，使得整个经济体能够在同样的产出中获得更多的附加价值。这就可以用到增加值率的指标。本书中增加值率的计算方法为：

$$VAR_i = \frac{valueadded_i}{grossout_i}$$

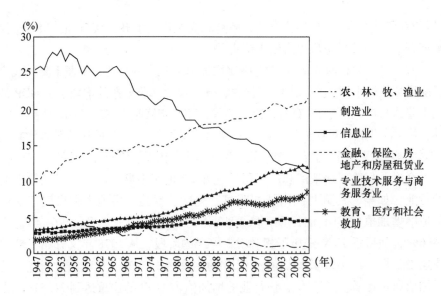

图 3-2 美国部分产业的增加值占 GDP 比重的变化（1947～2009 年）

注：采用北美行业分类体系标准（NAICS）。

资料来源：美国经济分析局。

表 3-2			美国各部门增加值占 GDP 的比重				单位：%	
行业分类	1947 年	1950 年	1960 年	1970 年	1980 年	1990 年	2000 年	2005 年	2009 年
私人部门	87.5	89.3	86.8	84.8	86.3	86.1	87.8	87.5	86.4
农、林、牧、渔业	8.2	6.8	3.8	2.6	2.2	1.6	1.0	1.0	0.9
采掘业	2.4	2.6	1.9	1.5	3.3	1.5	1.1	1.5	1.7
公用事业	1.4	1.7	2.3	2.1	2.2	2.5	1.7	1.6	1.9
建筑业	3.6	4.4	4.4	4.8	4.7	4.2	4.7	4.8	3.8
制造业	25.6	27.0	25.3	22.7	20.0	16.7	14.2	12.4	11.2
批发业	6.4	6.4	6.6	6.5	6.7	6.0	6.2	5.7	5.5
零售业	9.5	8.9	7.9	8.0	7.1	6.9	6.9	6.6	5.8
交通运输和仓储业	5.8	5.7	4.4	3.9	3.7	3.0	3.0	2.9	2.8
信息业	2.8	3.0	3.3	3.6	3.9	4.1	4.2	4.7	4.5
金融、保险、房地产和房屋租赁业	10.5	11.5	14.2	14.7	16.0	18.1	20.1	20.6	21.5

续表

行业分类	1947 年	1950 年	1960 年	1970 年	1980 年	1990 年	2000 年	2005 年	2009 年
专业技术服务与商务服务业	3.3	3.5	4.3	5.0	6.2	8.9	11.2	11.6	12.0
教育、医疗和社会救助	1.9	2.0	2.7	3.9	4.8	6.5	6.8	7.5	8.6
艺术、娱乐、休闲、酒店餐饮业	3.3	3.0	2.8	2.9	3.0	3.4	3.8	3.8	3.6
其他服务（除政府部门以外）	3.1	2.9	3.0	2.7	2.5	2.7	2.8	2.5	2.4
政府部门	12.5	10.7	13.2	15.2	13.7	13.9	12.2	12.5	13.6

注：采用北美行业分类体系标准（NAICS）。

资料来源：美国经济分析局。

式中，VAR_i 是行业 i 的增加值率，$valueadded_i$ 是行业 i 创造的增加值，$grossout_i$ 是行业 i 的总产出。使用增加值率的指标，我们就可以判断产业结构的变化是否优化了：在一个合理的范围内，当增加值率越高的行业所占比重越大时，产业结构就越优化。

图 3-3 和表 3-3 是 1987~2009 年美国各主要产业的增加值率。从中可以发现以下几点：第一，二十多年来美国的大部分主要产业的增加值率是相对比较稳定的，变化幅度较小，例如，制造业的增加值率一直在 33%~35% 的区间波动。第二，在所有主要产业中，制造业和农、林、牧、渔业的增加值率最低；批发业、零售业、专业技术服务与商务服务业的增加值率最高，2009 年分别为 76.6%、68.7%、67.6%，是制造业增加值率的近 2 倍。另外，金融、保险、房地产和房屋租赁业以及信息业的增加值率也比较高，2009 年分别为 62.2% 和 53.6%，分别是制造业增加值率的 1.8 倍和 1.5 倍。第三，金融、保险、房地产和房屋租赁业的增加值率有缓慢下降的趋势。金融、保险、房地产和房屋租赁业的增加值率从 1992 年最高的 68.0% 缓慢下降至 2007 年最低的 59.5%。

结合增加值率来看美国产业结构的变化，可以发现，美国制造业和农、林、牧、渔业的增加值率相对较低，而且，这些行业的增加值占 GDP 的比重下降得也最快。而金融、保险、房地产和房屋租赁业，以及专业技术服务与商务服务业的增加值率比较高，这些行业的增加值占 GDP 的比重也在不断上升并且最终高于制造业和农、林、牧、渔业。而且，美国的其他服务行业的增加值率也大幅高于制造业和农、林、牧、渔业，这些行业的增加值占 GDP 的比重的上升，共同作用推高了美国整个经济体的增加值率。因此，美国所有产业的总体增加值率，从 1987 年的 54.8% 上升到了 2009 年的 56.9%。

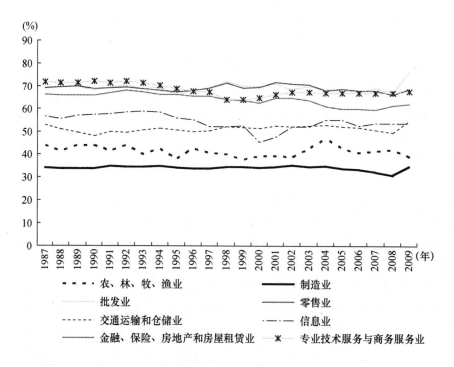

图 3－3　美国主要产业的增加值率（1987～2009 年）

资料来源：根据美国经济分析局提供的数据计算而得。

表 3－3	美国主要产业的增加值率		单位:%	
行业分类	1987 年	1990 年	2000 年	2009 年
全部行业	54.8	55.1	54.4	56.9
农、林、牧、渔业	43.8	43.9	39.3	39.1
制造业	34.1	33.9	34.2	35.0

续表

行业分类	1987 年	1990 年	2000 年	2009 年
批发业	68.9	67.9	69.9	76.6
零售业	69.1	68.8	69.4	68.7
交通运输和仓储业	52.8	48.0	51.3	54.7
信息业	56.6	57.4	45.3	53.6
金融、保险、房地产和房屋租赁业	66.2	65.7	62.5	62.2
专业技术服务与商务服务业	71.9	72.1	64.6	67.6

资料来源：根据美国经济分析局数据计算而得。

值得注意的是，虽然美国制造业的增加值占 GDP 的比重出现了下降，但是其经济效益和劳动生产率却是不断增强和提高的。从图 3 - 4 和表 3 - 4 可以看出，美国制造业的就业人数，从 20 世纪 70 年代末达到顶峰之后开始逐渐下降，从 2001 年开始，下降的速度突然加快。2001 年，美国制造业的全职劳动者有 1644 万人，到了 2010 年则仅有 1152 万人。与此同时，美国制造业的产值却是在不断增长的，由此反映了制造业劳动生产率的快速提升（见图 3 - 5 和表 3 - 5）。美国制造业劳动生产率的提升可以分为几个阶段，在 1996 年之前，劳动生产率的增长是平缓的，10 年间只提高了 16.3 个百分点；从 1997 年开始，劳动生产率的增长开始加速，这种快速增长一直维持至 2007 年经济危机之前，11 年间劳动生产率提高了 34.8 个百分点；2008～2009 年，由于金融危机的影响，劳动生产率有所停滞；2010 年，在美国政府的引导下，美国开始出现"再工业化"的趋势，劳动生产率也随之大幅提升，比上年增长了 10.2 个百分点。可以判断，正是由于制造业的高度发展，才产生了大量的被服务需求，从而为美国的产业结构升级以及非工业化建立需求基础。另外，也正是由于制造业的劳动生产率大幅提高，才有可能将更多的劳动力转移到别的部门。可见，美国产业结构升级的一个很重要的基础是，制造业的高度发展以及劳动生产率的大幅提高。

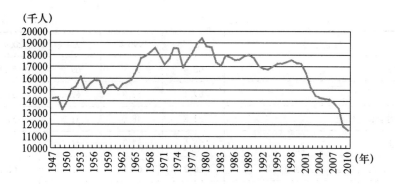

图 3 - 4　美国制造业的就业人数

资料来源：美国劳工统计局。

表 3 - 4	美国制造业的就业人数		单位：千人
年份	人数	年份	人数
1947	14277	1965	16618
1948	14317	1966	17681
1949	13279	1967	17897
1950	14014	1968	18211
1951	15070	1969	18572
1952	15290	1970	17847
1953	16129	1971	17171
1954	14999	1972	17664
1955	15521	1973	18584
1956	15856	1974	18512
1957	15797	1975	16913
1958	14656	1976	17538
1959	15326	1977	18174
1960	15437	1978	18936
1961	15010	1979	19428
1962	15497	1980	18732
1963	15632	1981	18634
1964	15889	1982	17364

续表

年份	人数	年份	人数
1983	17049	1997	17418
1984	17921	1998	17560
1985	17819	1999	17323
1986	17552	2000	17265
1987	17609	2001	16440
1988	17905	2002	15257
1989	17984	2003	14508
1990	17695	2004	14315
1991	17068	2005	14225
1992	16800	2006	14156
1993	16776	2007	13877
1994	17024	2008	13402
1995	17244	2009	11845
1996	17237	2010	11527

资料来源：美国劳工统计局。

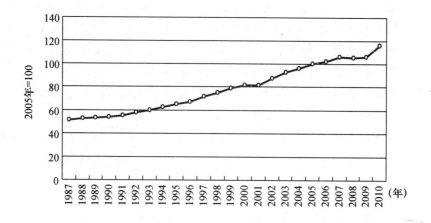

图 3-5 美国制造业的劳动生产率指数（人均产出）

资料来源：美国经济分析局，美国劳工统计局。

表 3-5　　美国制造业的劳动生产率指数（人均产出，2005 年 = 100）

年份	1987	1988	1989	1990	1991	1992	1993	1994
生产率	51.03	52.75	53.32	53.94	54.93	57.70	59.89	62.65
年份	1995	1996	1997	1998	1999	2000	2001	2002
生产率	65.02	67.30	71.62	74.77	79.16	81.83	81.74	87.80
年份	2003	2004	2005	2006	2007	2008	2009	2010
生产率	93.11	96.06	100.00	102.12	106.41	105.53	106.03	116.27

资料来源：美国经济分析局，美国劳工统计局。

二、21 世纪以来产业升级的重要影响因素： 劳动力升级

推动美国产业结构升级的因素有很多，包括政策的推动、需求变化的影响，等等。但是，毫无疑问，其中最重要的因素之一，则是由劳动力升级所带来的技术进步，推动了美国产业结构的升级。

1. 劳动力升级提高了制造业的劳动生产率，为产业升级奠定基础

正如上面分析的，美国产业结构升级的基础，是制造业的大发展和劳动生产率的大提高。美国是一个人口大国，因而，首先需要农业和制造业得到了充分的发展，才能够为全社会人口提供足够的物质产品以满足生活需要。当制造业得到充分发展，劳动生产率不断提高时，就能通过以下机制来内生地促进其他产业的发展：

一方面，从需求方面来看，当制造业充分发展时，需要更多的其他产业为之服务。例如，大量的商品被生产出来以后，需要交通运输和仓储业将其批量分发到各个地区，需要批发业和零售业加快商品被售卖的速度，加快资金回收速度，需要广告行业刺激消费者的需求，需要金融行业来方便投融资以促进扩大再生产。第三产业中大量服务行业发展到今天，看起来已经十分庞大并且似乎脱离了与制造业的关系，但实质上，它们仍然都与制造业紧密相连。只有制造业快速发展且其劳动生产率不断提高，才能持续创造出大量的服务需求，创造出第三产业的繁荣。

另一方面，从供给方面来看，当制造业充分发展时，才能为其他产业

的发展提供足够的劳动力资源。制造业劳动生产率的提高，意味着只需要更少的劳动力就能够生产出大量的产品，因而可以释放出大量的劳动力转移到其他产业进行生产和服务。

可见，制造业的发展和劳动生产率的提高，是美国产业结构从以制造业为主升级到以金融、保险、房地产和房屋租赁业以及专业技术服务与商务服务业为主的基础。

进一步地看，制造业的发展和劳动生产率的提高，其主要的促进因素又是什么呢？我们认为，最关键的因素在于劳动力升级以及由此带来的技术进步。如后文所述，美国产业升级的过程，同时也是美国劳动力的素质不断提高、劳动力素质结构不断优化的过程。大量劳动力所掌握的知识越来越丰富，其在生产中能够应用的技能越来越先进和熟练，就能够在生产过程中对机器设备做出改进，对生产工艺进行提升。美国劳动力结构的升级，产生了大量高质量的技术人员和大批工程师，有人断言，如果没有这些技术人员的努力，产业革命至少会推迟 25 年。另外，劳动力结构的升级，也产生了大量的管理人员，提高了各经济部门和企业的经营管理水平，促进了生产效率和经济效益的提升。

2. 人才升级促进了科学技术突飞猛进，成为产业升级的催化剂

美国的每一次重大产业结构升级，都是由科学技术的突破性发展引起的。重大科学技术的发现，不仅极大地改变了工艺生产过程，改变了生产关系以及各经济部门的关系，甚至还创造了新的经济部门，实现产业结构的不断升级。例如，美国率先发明了白炽灯、电话机并完成了公开实验的无线电通讯，从而引领美国成为世界上最先进入电气时代的国家。美国直接发起以原子能、电子计算机和空间技术的广泛应用为主要标志的第三次技术革命，使美国的信息技术产业、新能源产业、新材料产业、生物技术产业、空间技术产业和海洋技术产业成为新兴产业，不断地推动着美国经济的转型升级。正如美国商务部负责知识产权的官员戴维·卡普斯所说，美国产业新技术和产品服务的诞生，都离不开科学技术的创新发展，美国自第二次世界大战以来的经济增长有 75% 来自产业创新和技术革新①。

---

① 朱诸：《美国：科技创新成就经济大国》，http：//news. xinhuanet. com/mrdx/2010 - 10/20/c_13566079. htm，2010 - 10 - 20。

科学技术的突飞猛进发展，最关键的因素则在于美国的人才结构不断升级。第二次世界大战之后，美国越来越重视高等教育，培养了一大批高水平的科学理论尖端人才和技术发展人才。美国所拥有的受过高等教育和专门训练的科学家和工程师人数，是世界上最多的。正是数量庞大的顶尖人才，使美国能够在科学发明创造上始终居于世界领先的地位。据统计，第二次世界大战后资本主义世界中的重大技术革新，有60%首先在美国研发成功，75%首先在美国投入应用①。美国通过对科学技术的创新和应用引发产业革命，一方面，创造出新产品并形成新兴行业；另一方面，不断提升原有产业的劳动生产率，把产业价值链向高端延伸，逐渐淘汰相对落后的产业并将其转移至国外，这个过程极大地推动了美国的产业结构调整，促进了整个工业的发展。

三、劳动力素质结构优化：与产业结构升级联动

美国的劳动力升级，经历了民众受教育程度不断提高、接受过高等教育的劳动力比重不断提高、高等教育从重视社会科学向重视自然科学以及科学技术转变的过程。这个过程，是与美国的产业结构升级同步的，美国的劳动力升级成为美国产业结构升级的重要基础。

1. 受过高等教育的劳动力比重不断上升

美国劳动力的升级，首先表现在美国人口中，接受过中、高等教育的人口比重不断上升。1960年，受教育程度在高中毕业及以上的公民占25岁及以上人口的比重仅为41.1%；经过近50年的发展，受教育程度在高中毕业及以上的公民占25岁及以上人口的比重超过了86%。1960年，美国25岁及以上人口中，仅有7.7%接受并完成了大学及以上程度的高等教育，到了2008年，该比例快速上升至29.4%（见表3-6）。接受过高等教育的劳动力的比重快速上升，大大促进了美国劳动力的结构升级。

---

① 尚鸿：《80年代前后美国产业结构的调整及其影响》，《国外社会科学情况》1997年第1期。

表3-6		美国公民受教育程度			单位:%
年份	高中毕业及以上占25岁及以上人口的百分比	大学毕业及以上占25岁及以上人口的百分比	年份	高中毕业及以上占25岁及以上人口的百分比	大学毕业及以上占25岁及以上人口的百分比
1960	41.1	7.7	1997	82.1	23.9
1965	49.0	9.4	1998	82.8	24.4
1970	52.3	10.7	1999	83.4	25.2
1975	62.5	13.9	2000	84.1	25.6
1980	66.5	16.2	2001	84.1	26.2
1985	73.9	19.4	2002	84.1	26.7
1990	77.6	21.3	2003	84.6	27.2
1991	78.4	21.4	2004	85.2	27.7
1992	79.4	21.4	2005	85.2	27.7
1993	80.2	21.9	2006	85.5	28.0
1994	80.9	22.2	2007	85.7	28.7
1995	81.7	23.0	2008	86.6	29.4
1996	81.7	23.6			

资料来源:U. S. Census Bureau, U. S. Census of Population, 1960, 1970, and 1980, Summary File 3; and Current Population reports and data published on the Internet.

根据美国人口普查的数据,美国当前的劳动力结构已经高度优化。1992 年,美国 25 岁及以上劳动力中,只有高中及以下学历的约有 1338.0 万人[1],拥有大学及以上学历的约有 2816.8 万人,后者是前者的 2.1 倍。到了 2010 年,25 岁及以上劳动力中,只有高中及以下学历的约有 1187.6 万人,拥有大学及以上学历的有 4600.1 万人,后者是前者的 3.9 倍,比 1992 年提高了近 1 倍。可见美国劳动力结构的升级是非常快的(见表 3-7 和图 3-6)。

---

[1] 按照 12 个月的平均值计算。

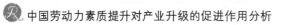

表 3 - 7　　　　　　　　美国 25 岁及以上劳动力的受教育情况　　　　单位：千人

高中及以下学历

年份	1 月	2 月	3 月	4 月	5 月	6 月	7 月	8 月	9 月	10 月	11 月	12 月
1992	13756	13586	13513	13392	13492	13598	13778	13309	13207	13046	13006	12882
1993	12779	12870	12751	12598	12535	12557	12759	12548	12390	12461	12260	12234
1994	12150	12312	12215	12210	12173	12183	12217	12204	12312	12393	12372	12285
1995	12197	12070	11921	12126	12018	11885	11817	11768	12066	12119	12159	12144
1996	12256	12324	12436	12417	12466	12360	12394	12404	12358	12307	12443	12539
1997	12606	12554	12748	12572	12658	12550	12589	12488	12489	12439	12479	12541
1998	12592	12621	12526	12693	12746	12802	12551	12388	12512	12294	12426	12571
1999	12343	12256	12120	11810	11862	12066	12019	12277	12131	12183	12240	12031
2000	12349	12458	12222	12220	12186	12432	12702	12858	12849	12711	12528	12285
2001	12433	12556	12513	12675	12580	12604	12725	12509	12472	12634	12532	12695
2002	12640	12708	12667	12923	12766	12795	12469	12379	12369	12469	12458	12501
2003	12578	12622	12884	12810	12697	12497	12533	12598	12532	12721	12705	12608
2004	12337	12491	12419	12076	12227	12287	12402	12517	12733	12580	12737	12849
2005	12548	12556	12538	12504	12771	12850	13183	12836	12774	12542	12600	12458
2006	12619	12712	12698	12796	12904	12816	12797	12803	12702	12756	12695	12769
2007	12842	13172	13050	12639	12382	11967	12097	12013	12164	12099	12209	12278
2008	12332	12192	12165	12119	12120	12106	12083	12155	12116	12381	12187	12120
2009	12086	12082	12149	12035	12181	12287	12376	12320	12253	12142	11998	11988
2010	11858	11561	11842	12079	12104	12046	12013	11815	11828	11800	11803	11758

大学及以上学历

年份	1 月	2 月	3 月	4 月	5 月	6 月	7 月	8 月	9 月	10 月	11 月	12 月
1992	27632	27712	27768	27983	28110	28250	28284	28313	28356	28436	28501	28676
1993	28706	28753	28793	28703	28774	28984	28773	28976	29071	29166	29449	29475
1994	29581	29531	29569	29983	30101	29874	30037	30131	30519	30245	30249	30491
1995	30520	30832	30977	31082	31043	31076	31261	31164	31322	31613	31646	31521
1996	31787	31904	31907	31781	32098	32232	32243	32244	32207	32384	32820	32559
1997	32569	32646	32906	33144	33015	33007	33029	33194	33538	33480	33616	33698
1998	33708	33723	33885	33916	33928	34201	34544	34731	34968	34858	34776	34928
1999	34964	34987	35064	35304	35596	35764	35901	36159	35856	35857	35307	35906

| 大学及以上学历 | | | | | | | | | | | |
年份	1月	2月	3月	4月	5月	6月	7月	8月	9月	10月	11月	12月
2000	36585	36501	36429	36496	36494	36561	36593	36660	36739	36615	36805	37120
2001	37075	37032	37124	37047	37139	37141	37367	37376	37521	37784	37955	37757
2002	37730	38372	38426	38821	38897	38713	38648	38700	38655	38494	38218	38500
2003	38797	39242	39558	39485	39667	39978	39827	40046	39788	40424	40320	40270
2004	40287	40074	40488	40205	40127	40173	40083	40153	40445	40703	41032	40846
2005	40776	40611	40547	40875	40988	41001	41205	41337	41565	41650	41494	42054
2006	41815	41725	41882	42025	42234	42421	42644	42537	42893	42918	43349	43654
2007	43662	43800	43575	43476	44119	44291	44412	44445	44110	44140	44304	44517
2008	44664	45426	45410	45169	44640	44997	45015	45253	45096	45343	45166	45147
2009	45134	45159	45325	45407	45561	45548	45673	45806	45896	46253	45948	45912
2010	45908	45677	45747	45839	45709	46219	45980	45677	46488	46132	46322	46312

资料来源：美国劳工统计局，Labor Force Statistics from the Current Population Survey（NAICS）。

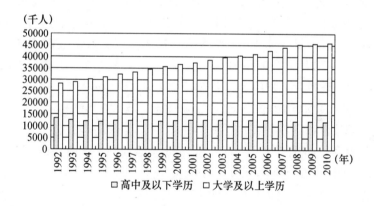

图 3 - 6　美国 25 岁及以上劳动力的受教育情况

资料来源：根据美国劳工统计局 Labor Force Statistics from the Current Population Survey（NAICS）的基础数据结果计算而得。

2. 美国普通民众受教育水平不断提高

美国劳动力结构的优化，是与美国对教育的重视分不开的。19 世纪初，美国联邦政府就积极发展公共教育，并允许私人投资办学。此外，美国联邦政府还采取赠地办学、直接投资、助学贷款等多种办法推动各类教育发展。

在政府的支持下，美国的初等教育获得了快速发展。1852 年，美国仅有一州实行义务教育，19 世纪末，有 2/3 的州制定了义务教育法，1918 年，美国 48 个州已全部实行了义务教育制。1871 年，全美公立小学注册的学生数约为 748 万，1880 年、1890 年、1900 年、1910 年、1920 年、1930 年、1960 年、1970 年分别增加到了 976 万人、1250 万人、1498 万人、1690 万人、1890 万人、2056 万人、2568 万人、3000 万人。① 1870 年，文盲占 10 岁及以上人口的比重为 20%，1880 年为 17%，1890 年为 13.3%，1900 年为 17%，1910 年为 7.7%，1920 年为 6%，1940 年为 2.9%，1969 年为 1%。

在发展初等教育的同时，美国的中等教育也获得了很大发展。在学校数量上，1860 年，美国仅有公立中学和私立中学 160 所，在校学生 8 万余人。到 1880 年，公立中学增加到 800 所，1890 年，中学增加到了 2500 所，到了 1900 年，全国各类中学已达到 6005 所。据统计，1890～1920 年，美国的公立中学和私立中学增加了 4 倍，在校中学生人数增加了 5 倍②，这样的发展速度远远超过了西欧诸国。1870 年，全美高中毕业人数为 1.6 万，1880 年、1890 年、1900 年、1910 年、1920 年、1930 年、1940 年、1950 年分别增加到了 2.4 万、4.4 万、9.5 万、15.6 万、31.1 万、66.7 万、122.1 万、120 万。1870 年，全美高中毕业生占全国 17 岁人口的比重为 2%，1880 年、1890 年、1900 年、1910 年、1920 年、1930 年、1940 年、1950 年分别上升到了 2.5%、3.5%、6.3%、8.6%、16.3%、28.8%、49%、57.4%③。

在初等教育和中等教育快速发展的同时，美国高等教育也获得了迅速发展。1870 年，美国有大学 563 所，1890 年增加到 998 所，1920 年增加到 1041 所，1970 年增加到 2525 所。在校大学生占全国 18～24 岁人口的比例迅速提高，1870 年，全美在校大学生占全国 18～24 岁人口的比重为 1.1%，1970 年上升到了 32.1%。同时，美国学士、硕士和博士学位授予数目飞速增长。1870 年，被授予学士学位的有 9371 人，1900 年、2000 年和 2009 年分别达到了 27410 人、1237875 人和 1601368 人；1880 年，被授予硕士学位

① 资料来源：*Historical Statistics of the United States*，*Colonial Times to* 1970. http：//www. census. gov/compendia/statab/past_ years. html.

② 沈亚男：《试论科教发展对 19 世纪美国工业化的推动》，《甘肃科技纵横》2009 年第 1 期。

③ 资料来源：《美国教育统计年鉴》（2009）。

的有 879 人，1900 年、2000 年和 2009 年分别达到了 1583 人、457056 人和 656784 人；1880 年，被授予博士学位的有 54 人，1900 年、2000 年和 2009 年分别达到了 382 人、44808 人和 67716 人（见图 3 −7 和表 3 −8）①。

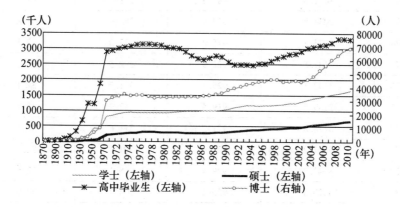

图 3 −7　美国获得学士、硕士和博士学位的人数及高中毕业生数

资料来源：《美国教育统计年鉴》（2010）。

表 3 −8　　　　美国获得学士、硕士和博士学位的人数及高中毕业生数　　单位：千人

年份	高中毕业生	学士	硕士	博士
1870	16.0	9.4	0.0	0.0
1880	23.6	12.9	0.9	0.1
1890	43.7	15.5	1.0	0.1
1900	94.9	27.4	1.6	0.4
1910	156.4	37.2	2.1	0.4
1920	311.3	48.6	4.3	0.6
1930	666.9	122.5	15.0	2.3
1940	1221.5	186.5	26.7	3.3
1950	1199.7	432.1	58.2	6.4
1960	1858.0	392.4	74.4	9.8
1970	2888.6	792.3	208.3	29.9

① 资料来源：《美国教育统计年鉴》（2010）。

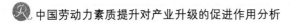

续表

年份	高中毕业生	学士	硕士	博士
1971	2937.6	839.7	230.5	32.1
1972	3001.6	887.3	251.6	33.4
1973	3034.8	922.4	263.4	34.8
1974	3073.3	945.8	277.0	33.8
1975	3132.5	922.9	292.5	34.1
1976	3142.1	925.7	311.8	34.1
1977	3139.5	919.5	317.2	33.2
1978	3128.8	921.2	311.6	32.1
1979	3101.2	921.4	301.1	32.7
1980	3042.2	929.4	298.1	32.6
1981	3020.3	935.1	295.7	33.0
1982	2994.8	953.0	295.5	32.7
1983	2887.6	969.5	289.9	32.8
1984	2766.8	974.3	284.3	33.2
1985	2676.9	979.5	286.3	32.9
1986	2642.6	987.8	288.6	33.7
1987	2693.8	991.3	289.3	34.0
1988	2773.0	994.8	299.3	34.9
1989	2743.7	1018.8	310.6	35.7
1990	2574.2	1051.3	324.3	38.4
1991	2493.0	1094.5	337.2	39.3
1992	2480.4	1136.6	352.8	40.7
1993	2480.5	1165.2	369.6	42.1
1994	2463.8	1169.3	387.1	43.2
1995	2519.1	1160.1	397.6	44.4
1996	2518.1	1164.8	406.3	44.7
1997	2612.0	1172.9	419.4	45.9
1998	2704.1	1184.4	430.2	46.0
1999	2758.7	1200.3	440.0	44.1
2000	2832.8	1237.9	457.1	44.8

续表

年份	高中毕业生	学士	硕士	博士
2001	2848.0	1244.2	468.5	44.9
2002	2906.5	1291.9	482.1	44.2
2003	3015.7	1348.8	513.3	46.0
2004	3054.4	1399.5	558.9	48.4
2005	3106.5	1439.3	574.6	52.6
2006	3122.5	1485.2	594.1	56.1
2007	3199.0	1524.1	604.6	60.6
2008	3313.8	1563.1	625.0	63.7
2009	3318.8	1601.4	656.8	67.7
2010	3306.2	1652.0	670.0	68.8

资料来源：《美国教育统计年鉴》(2010)。

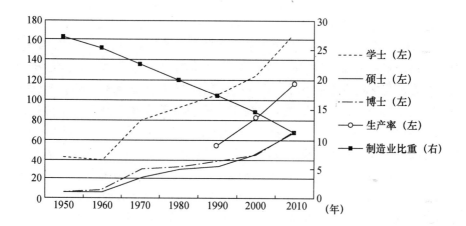

图3-8　美国劳动力升级与产业结构升级、制造业劳动生产率的联动

注：学士、硕士单位为万人，博士单位为千人，制造业比重单位为%，劳动生产率是以2005年＝
　　100的定基指数。

资料来源：美国经济分析局，美国教育部。

3. 美国劳动力升级与产业结构升级的联动

美国的劳动力升级，起步于20世纪30年代，加速于60～70年代（见图3-8）。受劳动力升级的影响，产业结构也发生较大变化，制造业的增加值占GDP的比重，在20世纪50年代达到最高峰，随后开始出现结构性下降，从 1953 年的 28.3% 下降到 1970 年的 22.7%，下降了近 1/5。从 20 世纪 70 年代至 80 年代末，美国高素质人才的增长相对缓慢。美国劳动力的第二波升级，则是始于 20 世纪 90 年代，其学士和博士人数又开始了大幅增长，尤其是进入 21 世纪后，其高素质人才的增长进一步加快，由此推动制造业劳动生产率的快速提升。制造业的劳动生产率在 1996 年之前的 10 年间只提高了 16.3 个百分点；从 1997 年开始，劳动生产率增长开始加速，11 年间劳动生产率提高了 34.8 个百分点。

劳动力的专业结构变化也与产业结构的变化相一致。从绝对人数来看，美国的教育体系有比较明显的任务分工：博士等尖端研究人员主要集中在理工科等技术性领域。而社会科学和商业管理领域，则以受普通高等教育的学士居多。在美国的高端人才群体中，始终坚持以科学技术研究为主导，从而保证了美国科学技术和生产技术的先进性。1970～1971 学年，获得博士学位的群体中，学习物理及科学技术专业的最多，有 4324 人；第二是工程机械专业，有 3687 人；第三是社会科学及历史专业，有 3660 人。到了 2008～2009 学年，获得博士学位人数最多的专业是临床医疗，有 12112 人；第二是工程机械专业，有 7931 人；第三为生物和生物医学专业，有 6957 人；物理及科学技术专业下降到第五位，有 5048 人（见表 3－10）。总体来说，博士学位获得者，主要集中在理工、医科专业。在获得学士学位的群体中，1970～1971 学年，学习社会科学及历史专业的最多，有 155324 人；第二是商业专业，有 115396 人；第三是英语及文学专业，有 63914 人。到了 2008～2009 学年，商业专业上升为最热门的专业，获得学士学位的，有 347985 人；第二为社会科学及历史专业，有 168500 人；临床医疗成为第三热门的专业，而英语及文学专业则位次下降了许多（见表 3－9）。

从专业结构的增长变化情况来看，从 40 年来美国各专业的学士学位和博士学位的授予情况来看，增长得最快的是与服务行业相关的专业。例如，获得计算机和信息科学专业的学士学位的人数，从 1970～1971 学年的 2388 人增加到 2008～2009 学年的 37994 人。公园娱乐休闲健身专业及安全和保护服务专业的学士人数增长也非常快。在博士层面，增长最快的专业是公园娱乐休闲健身，其次是安全和保护服务专业，再次是工程机械技术研究专业（见表 3－9 和表 3－10）。这些都是新兴的行业领域。另外，临床医疗、法律及计算机和信息科学专业的增长也比较快。

表 3-9　　　　　　　　　　　美国各专业学士学位授予情况

科学学科专业	获得人数					与1970年相比的倍数			
	1970~1971年	1980~1981年	1990~1991年	2000~2001年	2008~2009年	1980~1981年	1990~1991年	2000~2001年	2008~2009年
农业和自然资源	12672	21886	13124	23370	24988	1.73	1.04	1.84	1.97
建筑及相关服务	5570	9455	9781	8480	10119	1.70	1.76	1.52	1.82
生物和生物医学	35683	43003	39377	59865	80756	1.21	1.10	1.68	2.26
商业	115396	200521	249165	263515	347985	1.74	2.16	2.28	3.02
传媒、新闻等	10324	29428	51650	58013	78009	2.85	5.00	5.62	7.56
计算机和信息科学	2388	15121	25159	44142	37994	6.33	10.54	18.48	15.91
工程机械	45034	63642	62448	58315	69133	1.41	1.39	1.29	1.54
工程机械技术研究	5148	11713	17303	14660	15503	2.28	3.36	2.85	3.01
英语及文学	63914	31922	51064	50569	55462	0.50	0.80	0.79	0.87
家庭和消费者科学	11167	18370	13920	16421	21905	1.65	1.25	1.47	1.96
外国语言文学	20988	11638	13937	16128	21158	0.55	0.66	0.77	1.01
临床医疗	25223	63665	59875	75933	120488	2.52	2.37	3.01	4.78
法律	545	776	1827	1991	3822	1.42	3.35	3.65	7.01
数学	24801	11078	14393	11171	15496	0.45	0.58	0.45	0.62
跨学科研究	6346	13061	17879	27189	37444	2.06	2.82	4.28	5.90
公园娱乐休闲健身	1621	5729	4315	17948	31667	3.53	2.66	11.07	19.54
哲学与宗教研究	8149	6776	7423	8717	12444	0.83	0.91	1.07	1.53
物理及科学技术	21410	23936	16334	17919	22466	1.12	0.76	0.84	1.05
心理学	38187	41068	58655	73645	94271	1.08	1.54	1.93	2.47
公共管理和服务	5466	16707	14350	19447	23851	3.06	2.63	3.56	4.36
安全和保护服务	2045	13707	16806	25211	41800	6.70	8.22	12.33	20.44
社会科学及历史	155324	100513	125107	128036	168500	0.65	0.81	0.82	1.08

续表

科学学科专业	获得人数					与1970年相比的倍数			
	1970～1971年	1980～1981年	1990～1991年	2000～2001年	2008～2009年	1980～1981年	1990～1991年	2000～2001年	2008～2009年
神学和宗教职业	3720	5808	4799	6945	8940	1.56	1.29	1.87	2.40
视觉与表演艺术	30394	40479	42186	61148	89140	1.33	1.39	2.01	2.93

资料来源:《美国教育统计年鉴》(2010)。

表 3-10　　　　　　　美国各专业博士学位授予情况

科学学科专业	获得人数					与1970年相比的倍数			
	1970～1971年	1980～1981年	1990～1991年	2000～2001年	2008～2009年	1980～1981年	1990～1991年	2000～2001年	2008～2009年
农业和自然资源	1086	1067	1185	1127	1328	0.98	1.09	1.04	1.22
建筑及相关服务	36	93	135	153	212	2.58	3.75	4.25	5.89
生物和生物医学	3595	3591	4034	4953	6957	1	1.12	1.38	1.94
商业	774	808	1185	1180	2123	1.04	1.53	1.52	2.74
传媒、新闻等	145	171	259	368	533	1.18	1.79	2.54	3.68
计算机和信息科学	128	252	676	768	1580	1.97	5.28	6	12.34
工程机械	3687	2598	5316	5542	7931	0.7	1.44	1.5	2.15
工程机械技术研究	1	10	14	62	59	10	14	62	59
英语及文学	1554	1040	1056	1330	1271	0.67	0.68	0.86	0.82
家庭和消费者科学	123	247	229	354	333	2.01	1.86	2.88	2.71
外国语言文学	1084	931	889	1078	1111	0.86	0.82	0.99	1.02
临床医疗	518	868	1534	2242	12112	1.68	2.96	4.33	23.38
法律	20	60	90	286	259	3	4.5	14.3	12.95
数学	1199	728	978	997	1535	0.61	0.82	0.83	1.28
跨学科研究	109	285	424	784	1273	2.61	3.89	7.19	11.68
公园娱乐休闲健身	2	42	28	177	285	21	14	88.5	142.5

科学学科专业	获得人数					与1970年相比的倍数			
	1970～1971年	1980～1981年	1990～1991年	2000～2001年	2008～2009年	1980～1981年	1990～1991年	2000～2001年	2008～2009年
哲学与宗教研究	555	411	464	600	686	0.74	0.84	1.08	1.24
物理及科学技术	4324	3105	4248	3911	5048	0.72	0.98	0.9	1.17
心理学	2144	3576	3932	5091	5477	1.67	1.83	2.37	2.55
公共管理和服务	174	362	430	574	812	2.08	2.47	3.3	4.67
安全和保护服务	1	21	28	44	97	21	28	44	97
社会科学及历史	3660	3122	3012	3930	4234	0.85	0.82	1.07	1.16
神学和宗教职业	312	1273	1076	1461	1520	4.08	3.45	4.68	4.87
视觉与表演艺术	621	654	838	1167	1569	1.05	1.35	1.88	2.53

资料来源:《美国教育统计年鉴》(2010)。

综上分析，从美国产业结构的升级历程，美国劳动力升级的历程及美国劳动力升级与产业升级的联动来看，美国劳动力结构升级是美国产业结构升级的重要推动因素。

第二节　爱尔兰的产业升级与劳动力素质结构优化

爱尔兰最近的一次产业大升级（从工业化社会变为后工业化社会），以及其经济的飞速发展，只使用了短短20余年的时间。在这一期间，爱尔兰社会最显著的变化因素，就是由于教育改革引起的劳动力素质大幅提高和劳动力素质结构的明显优化，这些因素极大地促进了爱尔兰的产业升级。

一、爱尔兰的经济增长和产业结构升级历程

1. 经济增长

爱尔兰的经济增长经历了从长期停滞到起飞、快速增长，然后又出现衰退的过程。

爱尔兰在20世纪50年代还是一个以农业经济为主导的国家。从20世纪60年代到80年代末，爱尔兰经济增长几乎处于停滞阶段，1960年GDP（国内生产总值）为8.07亿欧元，1989年GDP也仅为333.73亿欧元。扣除价格因素影响，年均仅增长1个百分点（见图3-9和表3-11）。在20世纪80年代，爱尔兰还曾有过高达19.6%的失业率，具有欧洲最高的人均债务和较低的人均GDP，被戏称为"欧洲的乞丐"。

从20世纪90年代开始，爱尔兰的经济状态出现了戏剧般的转变，经济开始进入起飞和快速增长阶段。1990年，爱尔兰的GDP为361.84亿欧元，1990～1995年，其年均经济增长率达到4.78%。尤其是1995年后，经济增长率进一步提升，1995年GDP为531.45亿欧元，2007年GDP则达到了1893.74亿欧元，1995～2000年取得了10%的增长率。年均经济增长率几乎是欧盟中最高的。20世纪90年代末，其失业率下降至4.5%，人均GDP甚至超过了英国和德国。2003年，爱尔兰从西欧最穷的国家变成了欧盟中仅次于卢森堡的第二富裕国家。

然而，从2008年开始，爱尔兰遭遇了经济危机，爱尔兰经济出现较大的衰退。2008年与2009年，经济增长率分别出现了下降，GDP分别为1799.89亿欧元和1596.46亿欧元。

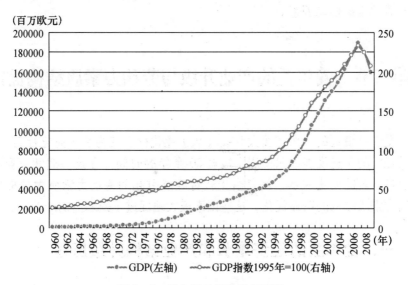

图3-9　爱尔兰的经济增长历程

资料来源：《爱尔兰统计年鉴》（2005，2010）。

表 3 – 11		爱尔兰 GDP（1960～2009 年）		单位：百万欧元	
年份	GDP	年份	GDP	年份	GDP
1960	807	1977	7801	1994	46421
1961	869	1978	9220	1995	53145
1962	940	1979	10922	1996	58772
1963	1011	1980	12961	1997	67997
1964	1150	1981	15727	1998	78476
1965	1225	1982	18657	1999	90380
1966	1291	1983	20564	2000	105018
1967	1410	1984	22774	2001	117136
1968	1591	1985	24739	2002	130464
1969	1837	1986	26352	2003	140008
1970	2220	1987	28163	2004	149344
1971	2538	1988	30085	2005	162314
1972	3084	1989	33373	2006	177343
1973	3724	1990	36184	2007	189374
1974	4138	1991	37649	2008	179989
1975	5203	1992	40100	2009	159646
1976	6409	1993	43189		

资料来源：《爱尔兰统计年鉴》（2005，2010）。

2. 产业结构

爱尔兰的产业结构经历了从农业经济向工业经济转变，以及从工业经济向服务经济转变的过程。

（1）从农业经济向工业经济转变。第二次世界大战刚结束时，爱尔兰还是以农业经济为主的国家。从净产出来看，1949 年，制造业的净产出只有农、林、渔业净产出的 80%；1954 年，制造业的净产出与农、林、渔业净产出相等；1959 年，制造业的净产出是农、林、渔业净产出的 1.1 倍，1969 年为 2.0 倍，1979 年为 2.8 倍，1989 年为 4.0 倍，1997 年则达到了

6.4倍。① 从就业人数来看,1951年,在农业②就业的人数有49.6万,1996年则减少到13.8万;而在制造业就业的人数则从1951年的18.4万增加到1996年的24万(见图3-10)。结合农业与制造业的产出和就业来看,无论是以产出、增加值还是就业的指标来看,最晚至20世纪70年代末80年代初,爱尔兰已经完成了由农业经济向工业经济的转变。在短短十几年中,爱尔兰从西欧最穷的农业国变成了一个以制造业和国际服务业为主的现代国家。

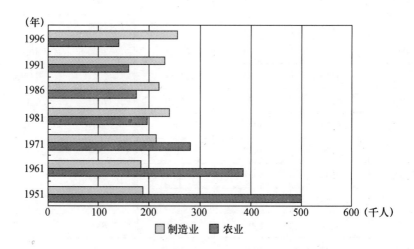

图3-10 爱尔兰农业和制造业的就业人数

资料来源:Ireland Stationery Office, That was then, this is now Change in Ireland, 1949-1999.

在制造业的内部,产业结构也发生了很大变化,完成了从附加值较低的制造行业不断地过渡到附加值较高的制造行业的产业升级过程。正如表3-12所示,1949年,爱尔兰制造业中,净产出最高的是酿酒业、面包面粉生产业、糖和糖果生产业、印刷出版业、服装制造业,这些行业所生产的产品占了整个可贸易商品的约38%。到了20世纪末,爱尔兰的制造业主要以化学制剂和医药制品业、光学设备和电气设备业、食品制造业、电脑零

---

① Ireland Stationery Office, That was then, this is now Change in Ireland, 1949-1999. http://www.cso.ie.

② 这里所说的农业,包括农、林、渔业。

部件及音响设备制造业为主。1997 年，这四大行业的净产出占整个制造业净产出的比重约73%，四大行业就业占整个制造业就业的比重约50%。在爱尔兰的制造业和服务业中，计算机产品和软件产品的生产非常发达。软件产品在欧洲市场的占有率达50%以上，欧洲市场上的计算机产品有40%是在爱尔兰制造的。爱尔兰是仅次于美国的世界第二大软件出口国。

表 3 - 12　　　　　　　　　爱尔兰制造业的产业升级

年份	制造业中最主要的产业	占净产出的比重（%）	占就业的比重（%）
1949	酿酒业	10.7	3.5
	面包面粉生产业	7.5	7.8
	服装制造业	6.9	12.2
	糖和糖果生产业	6.8	6.1
	印刷出版业	6.3	6.1
1997	化学制剂和医药制品业	28.1	8.5
	光学设备和电气设备业	18.4	23.2
	食品制造业	15.0	16.5
	电脑零部件及音响设备制造业	11.2	2.2

资料来源：Ireland Stationery Office, That was then, this is now Change in Ireland, 1949 - 1999.

（2）从工业经济向服务经济（后工业化）转变。爱尔兰在进入工业化阶段后，仅用了 10 年左右的时间，便又迅速地从工业经济过渡到了服务经济（后工业化）阶段。

从就业来看，在 20 世纪 80 年代初，爱尔兰的服务业便已经吸纳了全国 50% 以上的就业人口。从表 3 - 13 中可以看到，劳动力从农业向服务业的转移：其中，工业的就业人口变化很小，农业的就业人口下降很快，而服务业就业人口的增长则更快，服务业已经吸纳了 70% 以上的就业人口。图 3 - 11 反映了爱尔兰三大产业的就业情况，显示了 20 世纪中期以来的发展中国家的典型发展态势：在初期阶段是农业就业的持续稳定下降与工业就业的上升，后期阶段则是服务业就业更快速的上升。

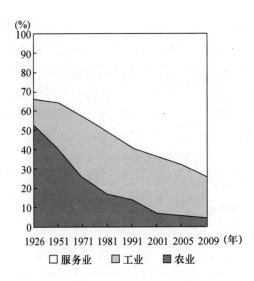

图3-11 爱尔兰三大产业的就业情况

资料来源：Ireland Stationery Office，That was then，this is now Change in Ireland，1949-1999.

表3-13　　　　　　　　　爱尔兰三大产业的就业情况

就业人数（千人）				
年份	农业	工业	服务业	全部
1926	654	158	410	1222
1951	496	282	439	1217
1971	273	323	459	1055
1981	189	366	583	1138
1991	158	313	678	1149
2001	123	498	1101	1722
2005	110	514	1320	1944
2009	97	413	1427	1937
产业就业人数占全国就业人数的百分比（%）				
年份	农业	工业	服务业	全部
1926	53	13	34	100
1951	41	23	36	100
1971	26	31	43	100
1981	17	32	51	100

产业就业人数占全国就业人数的百分比（%）				
年份	农业	工业	服务业	全部
1991	14	27	59	100
2001	7	29	64	100
2005	6	26	68	100
2009	5	21	74	100

注：工业包括采掘业、制造业和建筑业。

资料来源：Ireland Stationery Office, That was then, this is now Change in Ireland, 1949 – 1999. Statistical yearbook of Ireland 2009.

从行业增加值的角度来看，在 20 世纪 70 年代末，第三产业对爱尔兰 GDP 的贡献就已经达到了 50% 以上。在 20 世纪中后期，从行业增加值的角度来看，爱尔兰的产业结构，经历了农业①不断缩小、制造业从增长至缩小、第三产业不断扩大的过程（见图 3 – 12 和表 3 – 14、表 3 – 15）。

从整体看，农业是不断缩小的。从农业增加值占全部产业增加值的比重来看，农业在 20 世纪中期后的发展历程可以大体划分为三个阶段：第一阶段，1970 ~ 1978 年，农业增加值所占比重基本在 17% ~ 20% 的区间内小幅波动。第二阶段始于 1979 年，这一比重突然较大幅度地下降至 15.4%，开始了农业的快速下降过程。这个阶段一直持续到 2000 年，农业增加值占全部产业增加值的比重降到了 3.2%，这个阶段下降了约 15 个百分点。第三阶段始于 2001 年，农业增加值所占比重进入平缓下降的阶段。虽然仍然在下降，但每年下降的幅度比上一阶段明显减小。2009 年，农业增加值所占比重降到了 1.00%。农业已经缩小至爱尔兰经济中的一个非常小的部门。

制造业则经历了从增长至缩小的过程。从制造业增加值占全部产业增加值的比重来看，制造业在 20 世纪中期后的发展历程也可以大体划分为两个阶段：第一个阶段为 1970 ~ 1999 年，是小幅上升阶段。制造业增加值所占比重，从最低的 20% 上升至 1999 年最高的 34.3%。其中，1974 ~ 1980 年，有一个向下波动的波谷；1985 ~ 1994 年，增长几近停滞，制造业增加值所占比重维持在 27% 左右；1994 ~ 1999 年，则是制造业增长较快的阶段，制造业增加值所占比重，6 年间每年平均增长 1 个百分点。第二个阶段为

---

① 这里所说的农业是指大农业，包括农、林、牧、渔业。

2000~2009 年，制造业增加值所占比重迅速下降。2009 年，制造业增加值所占比重迅速下降。10 年间下降了近 9 个百分点。2007~2008 年，制造业增加值所占比重仅仅为 21.8%，2009 年，该比重小幅上升至 24.2%。

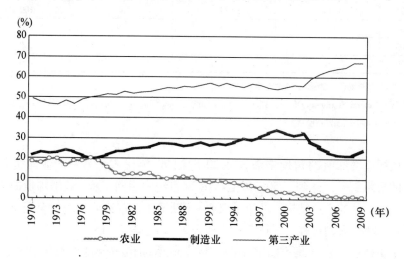

图 3-12　爱尔兰主要产业增加值占全部产业总增加值的比重

注：按 ISIC 国际产业分类标准进行划分。

资料来源：根据世界银行数据库相关数据计算。

从整体看，第三产业是不断扩大的。从第三产业增加值占全部产业增加值的比重来看，第三产业在 20 世纪中期后的发展历程可以大体划分为三个阶段：第一个阶段从 20 世纪 70 年代初至 70 年代中期，第三产业增加值所占比重还处在下降的趋势。第二个阶段从 20 世纪 70 年代后期至 2002 年，是第三产业缓慢增长的阶段。其中，1978 年，第三产业增加值所占比重第一次超过了 50%，标志着爱尔兰的产业结构发生了重大改变。在这个阶段，第三产业增加值所占比重从 50.6% 上升至最高 57.1%。第三个阶段为 2003~2009 年，是第三产业快速发展的阶段，2009 年，第三产业增加值所占比重达到了67.1%，7 年间提高了 7.7 个百分点。

表 3-14　　　　　爱尔兰主要产业增加值占全部产业总增加值的比重　　　　单位：%

年份	农业	制造业	第三产业
1970	18.20	21.60	49.20

续表

年份	农业	制造业	第三产业
1971	17.60	23.40	47.40
1972	19.60	22.60	46.40
1973	19.80	22.80	46.10
1974	16.50	24.10	48.10
1975	18.80	23.20	46.70
1976	18.80	21.20	49.00
1977	20.00	20.00	49.80
1978	18.60	20.20	50.60
1979	15.40	21.70	51.50
1980	12.50	23.70	51.20
1981	11.80	23.70	52.80
1982	12.00	24.90	51.90
1983	12.10	25.40	52.30
1984	12.40	25.60	52.80
1985	10.40	27.40	53.70
1986	9.70	27.50	54.60
1987	10.60	27.10	54.50
1988	10.90	26.10	55.50
1989	10.50	26.80	55.20
1990	8.90	28.10	56.00
1991	8.20	26.50	56.90
1992	8.70	27.60	55.70
1993	8.20	27.00	57.10
1994	7.90	28.30	55.90
1995	7.00	30.20	55.00
1996	6.40	29.30	56.70
1997	5.20	30.80	56.20
1998	4.40	32.90	54.80
1999	3.60	34.30	54.00
2000	3.20	32.70	55.00

续表

年份	农业	制造业	第三产业
2001	2.80	31.60	56.10
2002	2.40	32.50	55.90
2003	2.20	28.50	59.40
2004	2.20	25.90	61.50
2005	1.60	23.40	63.40
2006	1.30	21.90	64.30
2007	1.40	21.80	64.90
2008	1.30	21.80	67.20
2009	1.00	24.20	67.10

注：按 ISIC 国际产业分类标准进行划分。

资料来源：根据世界银行数据库相关数据计算。

表 3-15　　　　　爱尔兰各产业的增加值　　　单位：亿美元

年份	农、林、牧、渔业	采矿、制造业及电水气的供应	制造业	建筑业	零售批发餐饮食宿	运输与仓储业	其他服务业（包括金融）	总增加值
1970	24.07	49.23	45.53	20.30	25.31	9.87	63.19	191.97
1971	21.07	45.69	42.26	17.63	25.66	9.22	59.36	178.63
1972	22.10	49.60	45.87	16.68	26.41	9.36	59.75	183.91
1973	21.55	48.87	45.18	14.57	24.79	8.45	59.87	178.10
1974	21.45	48.00	44.43	12.45	22.65	8.04	60.77	173.36
1975	19.31	55.12	50.97	11.71	25.52	9.42	64.92	186.00
1976	24.16	74.22	68.51	14.92	32.25	13.68	90.13	249.36
1977	31.42	86.11	79.99	16.72	39.01	17.10	104.95	295.30
1978	35.79	93.13	85.86	17.55	41.31	20.11	121.14	329.03
1979	35.96	99.64	91.50	17.03	47.27	19.57	121.40	340.87
1980	38.29	127.84	121.00	23.31	63.90	24.35	152.42	430.11
1981	35.72	128.23	115.53	23.70	62.80	25.49	159.91	435.84
1982	42.27	147.74	134.03	25.65	58.81	27.43	184.37	486.27
1983	37.72	136.71	124.41	22.79	60.75	25.00	177.21	460.18
1984	38.86	152.92	139.73	26.12	59.31	28.01	189.33	494.55

续表

年份	农、林、牧、渔业	采矿、制造业及电水气的供应	制造业	建筑业	零售批发餐饮食宿	运输与仓储业	其他服务业（包括金融）	总增加值
1985	42.23	195.89	180.96	32.08	71.00	33.14	225.70	600.03
1986	42.39	208.42	194.11	36.27	86.21	38.14	251.12	662.54
1987	37.45	239.06	222.89	40.13	92.08	42.43	271.90	723.06
1988	35.24	277.97	262.79	47.96	96.22	49.34	292.11	798.83
1989	31.09	307.79	295.58	57.17	100.62	52.43	311.46	860.56
1990	27.17	295.59	282.19	64.67	100.00	54.65	319.64	861.72
1991	26.30	312.97	296.58	72.94	106.63	50.71	368.86	938.41
1992	25.87	371.39	354.76	83.97	125.57	54.64	429.71	1090.00
1993	31.34	422.80	398.48	113.47	165.11	74.74	589.87	1400.00
1994	35.73	444.72	420.75	146.61	198.81	87.80	713.62	1630.00
1995	28.38	441.47	413.68	177.36	223.56	94.31	802.74	1770.00
1996	25.30	465.05	428.55	207.01	244.86	97.33	913.49	1950.00
1997	32.58	545.34	496.94	221.00	294.85	114.53	1070.00	2270.00
1998	30.52	556.92	510.83	180.70	291.88	117.71	1160.00	2340.00
1999	19.75	529.18	487.09	112.72	236.30	109.18	1010.00	2010.00
2000	24.07	49.23	45.53	20.30	25.31	9.87	63.19	191.97
2001	21.07	45.69	42.26	17.63	25.66	9.22	59.36	178.63
2002	22.10	49.60	45.87	16.68	26.41	9.36	59.75	183.91
2003	21.55	48.87	45.18	14.57	24.79	8.45	59.87	178.10
2004	21.45	48.00	44.43	12.45	22.65	8.04	60.77	173.36
2005	19.31	55.12	50.97	11.71	25.52	9.42	64.92	186.00
2006	24.16	74.22	68.51	14.92	32.25	13.68	90.13	249.36
2007	31.42	86.11	79.99	16.72	39.01	17.10	104.95	295.30
2008	35.79	93.13	85.86	17.55	41.31	20.11	121.14	329.03
2009	35.96	99.64	91.50	17.03	47.27	19.57	121.40	340.87

注：按 ISIC 国际产业分类标准进行划分。

资料来源：世界银行数据库。

（3）高附加值行业增长较快。从细分行业来看，21世纪以来，增长最快的行业包括金融、保险业和计算机及相关服务行业。其中，金融、保险业在2002年的增加值为87.45亿欧元，占全部GDP的比重为7.55%，到了2007年，该行业的增加值增加到177.6亿欧元，占全部GDP的比重上升至10.50%，增长了近3个百分点。计算机及相关服务行业在2002年的增加值为20.49亿欧元，占全部GDP的比重仅为1.77%；到了2007年，该行业的增加值增加到50.82亿欧元，占全部GDP的比重上升至3.01%，增长了1.2个百分点（见表3-16）。

2007年，按行业增加值占全部GDP的比重来看，增加值所占比重较大的行业有：制造业（21.19%），金融、保险业（10.50%），房地产行业（7.79%），健康与社会服务行业（6.95%），零售业（5.32%），运输与仓储业（5.13%），教育（4.46%）。

化学及化学产品制造业，金融、保险业，计算机及相关服务行业，零售业，运输与仓储业等行业都是增加值率比较高的行业，因此，这些行业的快速发展，体现了爱尔兰产业结构的进一步升级。

表3-16　　　2002年与2007年爱尔兰部分细分行业的增加值情况比较

行业	增加值（百万欧元）		增加值所占比重（%）	
	2002年	2007年	2002年	2007年
农、林、牧、渔业	3185	2841	2.75	1.68
全部产品生产行业	39064	39218	33.73	23.19
全部建筑	8981	16204	7.76	9.58
全部服务提供行业	64576	110834	55.76	65.54
制造业	37228	35832	32.15	21.19
金融、保险业	8745	17760	7.55	10.50
计算机及相关服务行业	2049	5082	1.77	3.01
教育	4545	7535	3.92	4.46

资料来源：增加值来自爱尔兰中央统计办公室CSO提供的投入产出表。比重数据由笔者计算而得。

二、劳动力素质提升及劳动力素质结构优化

1. 普通民众受教育水平大幅提高

在 20 世纪 40 年代及以前，爱尔兰民众的受教育水平较低。初等教育是面对普通民众的，由教会控制的国立学校提供，大多数的学校只有 1～2 名教师；而中等教育则是需要收费的，只面对少数特权阶级。大多数小学生都没有完成他们的初等教育课程，只有很少数的学生进入了中学。如 1924～1925 学年，爱尔兰的普通中学学校的数量只有 284 所，中学生人数只有 2.4 万人；到了 1949～1950 学年，普通中学学校数量增加到了 416 所，中学生人数增加到了 4.7 万人。25 年时间，中学生人数也只增加了 2.3 万人。[①] 而且，在 20 世纪 50 年代，爱尔兰的毕业率也非常低。1950 年，有 10200 名学生参与毕业考试，但最终通过并获得毕业文凭的只有 4500 人。在此阶段，爱尔兰同时还有职业中学，职业中学的学生远多于普通中学的学生，几乎是普通中学的一倍（1950 年，职业中学学生人数为 8.6 万人）。但是，80% 以上的职业中学学生是非全日制的。[②] 20 世纪 50 年代前，进入高等教育阶段的学生比例则更是非常小。1950 年，全日制的大学生只有 7900 人。

到了 20 世纪 60 年代，爱尔兰民众的受教育水平开始有了较大提升，主要表现在中等教育和高等教育方面（见图 3－13 和表 3－17）。从中等教育来看，从 20 世纪 60 年代开始持续到 90 年代，接受过中等教育的人数有了快速大幅的增加。1965～1966 学年，有约 14.3 万人接受过中等教育。1970～1971 学年增加到了 19.7 万人，比前五年增长了 37.9%。1975～1976 学年、1980～1981 学年、1985～1986 学年接受过中等教育的人数分别为 27.1 万人、30.0 万人和 33.8 万人，分别比前五年增长了 37.4%、10.9% 和 12.5%。

从高等教育来看，其快速增长始于 20 世纪 70 年代并持续至 21 世纪初，接受过高等教育的人数增长迅速。1965～1966 学年，有约 2.1 万人接受过高等教育。1970～1971 学年增加到了 2.4 万人，比前五年增长了 18.3%。1975～1976 学年、1980～1981 学年、1985～1986 学年、1990～1991 学年、

---

① 资料来源：《爱尔兰教育统计年报》（1929～1950）。

② Adrian Rednen ed. , *That was then*, *This is now Change in Ireland*, 1949－1999, Dublin：Central Statistics office, 2000.

1995～1996学年和2000～2001学年接受过高等教育的人数分别为3.3万人、4.2万人、5.5万人、7.0万人、10.3万人、12.6万人，分别比前五年增长了35.3%、26.5%、31.4%、27.0%、46.7%、23.0%。

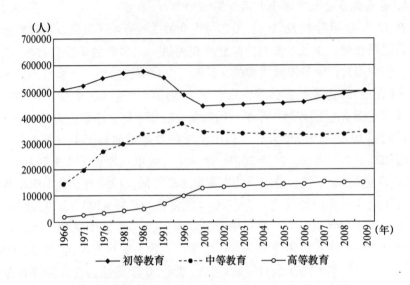

图3－13　爱尔兰接受各级教育的人数（全日制）（1966～2009年）

资料来源：《爱尔兰统计年鉴》（2010）。

表3－17　　　　　　　　　爱尔兰接受全日制各级教育的人数　　　　　　单位：人

学年	初等教育	中等教育	高等教育
1965～1966	504865	142983	20698
1970～1971	520129	197142	24496
1975～1976	550078	270956	33148
1980～1981	568364	300601	41928
1985～1986	576576	338207	55088
1990～1991	552528	345941	69988
1995～1996	485923	373665	102662
2000～2001	444782	349274	126300
2001～2002	447446	344720	131812
2002～2003	448754	343596	137323

续表

学年	初等教育	中等教育	高等教育
2003～2004	451755	341724	143271
2004～2005	455572	339128	143546
2005～2006	462811	335134	145287
2006～2007	477078	336955	149502
2007～2008	490838	338682	148014
2008～2009	501448	344893	152686

资料来源：《爱尔兰统计年鉴》（2010）。

由于爱尔兰对教育的重视，因而，爱尔兰人口的平均受教育年限也比较长，这是爱尔兰拥有较高人力资本的主要表现。2008 年，爱尔兰的平均受教育年限是 17.3 年，在欧盟和主要发达国家中处于中等水平，高于日本、美国和法国等主要发达国家（见图 3 – 14）。

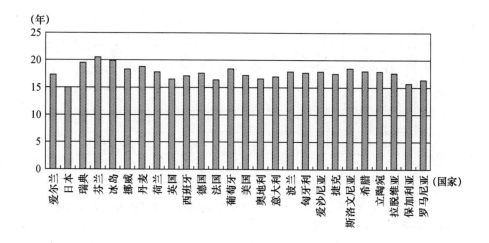

图 3 – 14　2008 年欧盟及主要发达国家平均受教育年限

资料来源：Eurostat。

爱尔兰劳动力的升级，表现在爱尔兰人口中，接受过中高等教育的人口比重不断上升（见图 3 – 15 和表 3 – 18）。这种劳动力结构升级始于 20 世纪 60 年代，从 70 年代起经历了一个加速的过程，至 21 世纪初则趋于平缓。

1965～1966 学年，接受过高等教育的劳动力比重还比较低，具有受初等教育程度的居民与具有受高等教育程度的居民的比为 24.4。到了 20 世纪 70 年代，接受过高等教育的劳动力比重开始加速提高，1975～1976 学年，具有受初等教育程度的居民与具有受高等教育程度的居民的比例已经下降为 16.6。20 世纪 80 年代与 90 年代，爱尔兰的高等教育持续快速发展，接受过高等教育的劳动力比重也在持续快速提高。1985～1986 学年，具有受初等教育程度的居民与具有受高等教育程度的居民的比例下降到了 10.5。1995～1996 学年，该比例更是下降到了 4.7。

进入 21 世纪后，劳动力的受教育程度结构变化趋于平缓。2000～2001 学年，具有受初等教育程度的居民与具有受高等教育程度的居民的比例已经达到了 3.5，但是，9 年后，该比例并没有多大变化，仅为 3.3。

可见，从 20 世纪 60 年代开始，尤其是在 70～90 年代，爱尔兰劳动力的受教育程度结构有了很大提升，接受过高等教育的劳动力的比重快速上升。进入 21 世纪后，劳动力结构的提升相对停滞。

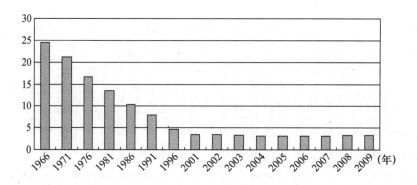

图 3－15　爱尔兰居民的受教育结构：接受过初等教育与高等教育的人数的比例
资料来源：《爱尔兰统计年鉴》（2010）。

表 3－18　　　爱尔兰居民的受教育结构：接受过初等教育与高等
教育的人数的比例

学年	1965～1966	1970～1971	1975～1976	1980～1981	1985～1986	1990～1991	1995～1996	2000～2001
初等教育/高等教育	24.4	21.2	16.6	13.6	10.5	7.9	4.7	3.5

续表

学年	2001～2002	2002～2003	2003～2004	2004～2005	2005～2006	2006～2007	2007～2008	2008～2009
初等教育/高等教育	3.4	3.3	3.2	3.2	3.2	3.2	3.3	3.3

资料来源:《爱尔兰统计年鉴》(2010)。

从横向国别对比来看,爱尔兰接受过高等教育的人口比重也较大。2007年,其接受过高等教育的人口在 25～64 岁人口中的比重为 32%,高于英国(31%)、德国(23%)等多数发达国家,也远远高于 OECD(经济合作与发展组织)国家的平均水平(27%)和欧盟 19 国的平均水平(24%),具体见表 3-19。

表 3-19　　　　　　主要发达国家 25～64 岁人口中接受过高等
教育的比例(2007 年)　　　　　　单位:%

国家	爱尔兰	丹麦	法国	德国	瑞士	瑞典	美国	英国	日本	OECD 平均	欧盟 19 国平均
比例	32	32	26	23	29	32	39	31	41	27	24

注:只计算了 A 类和 B 类高等教育的情况。

资料来源:OECD:Education at a glance 2009:OECD indicators,2009.

2. 劳动力的科学技术素质较高

从 20 世纪 60 年代以来,爱尔兰就非常重视对公民科学技术素质的培养,因此,爱尔兰劳动力的科学技术素质都非常高。体现在统计数据上就是在爱尔兰的高等学校中,学习理工科的学生比例相对较高。爱尔兰一度十分重视对理工科的教育。1999 年,在爱尔兰的高等学校中,学习自然科学、数学、计算机、制造和建筑的学生占所有学生的比例为 34.9%,这在当时世界主要发达国家中仅次于芬兰,远远高于德国(28.5%)、英国(29%)、日本(23.4%)等发达国家。爱尔兰接受过高等教育的学生中,约有 70% 集中在工程、自然科学、计算机或者商业等专业。

然而,近年来,爱尔兰学习理工科的学生比例出现了较明显的下降趋势(见图 3-16 和表 3-20)。学习自然科学、数学、计算机、制造和建筑的学生占所有学生的比例从 2002 年开始不断下降。2008 年,该比例仅有 25.5%,不过,这在欧盟中还是相对比较高的,超过欧盟 27 国的平均水平,也高于英国、美国、日本、法国等发达国家的水平（见图3-17和表3-21）。

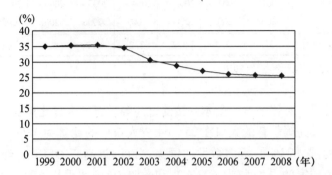

图3-16 爱尔兰接受过高等教育的学生中学习理工科人数的比例

资料来源：Eurostat。

表3-20　　爱尔兰接受过高等教育的学生中学习理工科人数的比例

年份	1999	2000	2001	2002	2003	2004	2005	2006	2007	2008
占比（%）	34.9	35.3	35.5	34.4	30.6	28.7	27.1	26.1	25.7	25.5

资料来源：Eurostat。

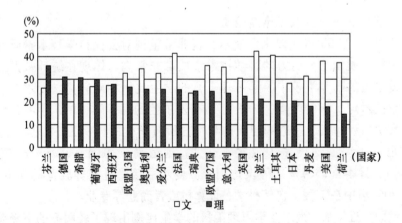

图3-17　2008年欧盟及其他国家接受过高等教育的学生中文科、理工科学生的比例

资料来源：Eurostat。

表 3 - 21   2008 年欧盟及其他国家接受过高等教育的学生
中文科、理工科学生的比例   单位:%

国家	文科	理工科
芬兰	26.1	35.9
德国	23.5	31.0
希腊	30.0	30.6
葡萄牙	26.7	29.8
西班牙	27.2	27.7
欧盟 13 国	32.6	26.5
奥地利	34.6	25.6
爱尔兰	32.5	25.5
法国	41.4	25.4
瑞典	23.9	24.8
欧盟 27 国	36.0	24.7
意大利	35.3	23.8
英国	30.4	22.5
波兰	42.3	21.3
土耳其	40.5	20.5
日本	28.1	20.3
丹麦	31.3	18.0
美国	38.0	17.8
荷兰	37.3	14.6

资料来源：Eurostat。

三、爱尔兰教育改革促进了劳动力素质的提高和结构升级

爱尔兰劳动力素质的提升和结构升级，主要得益于 20 世纪 60 年代开始的爱尔兰教育体制改革，这一改革促使普通民众受教育水平大幅提高。

1.20 世纪 60 年代前，爱尔兰教育重视宗教、忽略科学技术

19 世纪中期之前，爱尔兰的教育更多的是与宗教相联系。19 世纪中期，

天主教是爱尔兰的一个强有力的利益集团，对爱尔兰的教育掌握着很大的话语权，它要求国立学校（尤其是小学）提供宗教教育，并把爱尔兰语和宗教作为必修的和主要的课程。因此，这个阶段的爱尔兰教育，主要是以宗教教育为主。

该阶段爱尔兰教育的一个特点是，技术教育被严重忽略。在普通中学学校中，没有关于技术的教育。学生只能就读于职业学校才能学习相关技能，但是，教会却大力限制职业学校的设立和发展。大多数人的技术、技能只能通过学徒经历来习得。之所以出现这种教育特点，是因为爱尔兰虽然在政治上独立了，但是其在生活方式上仍然延续着以前的价值观念，爱尔兰的中产阶级出于自身利益对工业化的生产方式有着抑制和恐惧，而与教会的利益一致。由于工业的萧条，制造业工人的社会地位较低，体力劳动职业是被看轻的，因而许多家长都希望自己的孩子能够从事文秘和公共服务等职业，这些需要也影响了学校的课程设置。

2. 20 世纪 60 年代，爱尔兰开始重视技术、重视劳动力对经济的促进作用

20 世纪 60 年代后，劳动力和科学技术对经济的促进作用在爱尔兰开始得到重视。一个著名的里程碑事件是 1958 年政府公布的《经济扩张白皮书》（*White Paper on Economic Expansion*），它改变了人们对经济和产业发展的看法，当时的经济学家们，也开始强调把教育看做一种经济投入而不是居民的消费服务。对教育的投资回报，无论是对个人还是对社会整体，都被视为与投资设厂的回报一样高。因为，现代科技社会的繁荣程度，取决于接受过良好教育的劳动力的可获得性。当时，还出现了"一个国家的财富在于其人民"的口号。

在 20 世纪 50 年代后期，爱尔兰的财政部长 T. K. Whitaker 呼吁说，要想发展经济，必须首先使国家人口中的大部分都能接受科学的教育。伴随着国际化发展的趋势，也有越来越多的人开始要求重视在中等教育中加强科学和现代语言的学习。1957~1962 年，爱尔兰的教育部长 Jack Lynch 和 Dr Hillery 提出要改变教育方式，方向是要为全国的儿童提供包括应用性和学术性内容的综合课程，以便满足国家的技术发展和雇佣劳动的需要。

3. 教育改革、加大经费投入、中高等教育免费

教育观念的改变导致了爱尔兰的教育改革，相对落后的教育状况在 20 世纪 60 年代开始的教育改革后有了很大改变。

首先，政府加大了教育投入。政府的教育经费投入，1960 年为 165 万

镑，1965 年则达到了 3200 万镑；1970 年为 6100 万镑，1975 年则达到了 21450 万镑。教育公共支出占 GNP（国民生产总值）的比重提高了一倍，从 1960 年的 3.05% 上升到 1973 年的 6.29%，在该时期内，教育支出占公共支出的比例从 9.37% 上升到 12.75%。其中，政府特别加大了对中等教育的投入，为中等教育学校提供建设补助金和免费的交通。1964 年，政府第一次为中等教育学校的扩张提供资本补助金，并设立综合学校，为国立综合学校提供资本补助金，同时发展社区学校。

从 20 世纪 90 年代开始，爱尔兰一直维持着很高的教育经费投入，即使是与欧盟及主要发达国家相比，也处于相对较高的水平。从教育经费支出占公共经费支出的比重来看，爱尔兰在欧洲主要发达国家中处于较高水平（见图 3-18）。1995 年，该比例是 12.22%，此后则有稳步上升，2007 年达到 13.5%，高于英国（12.24%）、德国（10.29%）、法国（10.69%）等。同时也远远高于欧盟 27 国的平均水平（10.96%）和欧元区 15 国的平均水平（10.53%）。从教育经费投入占 GDP（国内生产总值）的比重来看，爱尔兰的教育经费投入虽然没有那么突出，但在欧洲及主要发达国家中仍然处于中等偏下水平。1996 年，爱尔兰的教育经费投入占 GDP 的比重为 5.3%，高于当时的英国（5.1%）和美国（4.9%）。但是，此后该比例出现了下降，2007 年，仅为 4.9%，低于英国（5.39%）和美国（5.29%），但仍然高于德国（4.5%），具体情况见图 3-19。

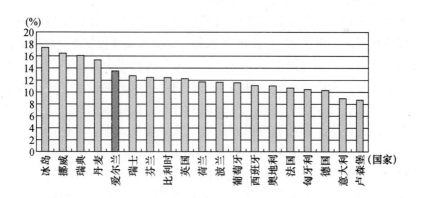

图 3-18　2007 年欧洲主要发达国家教育经费支出占公共经费支出的比重

资料来源：Eurostat。

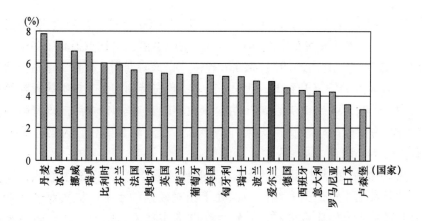

图 3 - 19 2007 年欧盟及主要发达国家教育经费支出占 GDP 的比重

资料来源：Eurostat。

由于持续相对较高的教育经费投入，因而很快，爱尔兰就实行了中高等教育免费。为了使人们受教育的机会不断扩展和实现均等化，在中等教育这一层级，爱尔兰从 1967 年开始实行免费教育计划，于是，中学的注册率立刻得到显著提高。此外，高等教育也得到了越来越多的关注和经费支持，并且爱尔兰在 20 世纪 90 年代后期开始实行免费大学教育。中高等教育免费，极大地促进了爱尔兰劳动力素质水平的提高。

4. 完善课程设置、高度重视科技与技术

爱尔兰在教育改革中特别注重对科学技术的教育，并按照这个原则完善了课程设置。由于从 20 世纪 60 年代起，要求相关课程与工业经济更密切联系的呼声越来越大，因而，与技术和应用有关的专业开始得到更多的政策支持。于是，无论是在学术性中学还是职业中学，都设置了综合性更强的课程。例如，在一般中学里，许多新的课程，如建筑结构，工程、工厂理论与实践，会计，商业管理都开始被引入并被列入毕业考试的课程。在职业学校中，一些传统的学术性课程如历史、地理和现代语言等也被引入。而在以前，职业学校只涉及单纯的技能、技术等课程。

在教育改革后，高度重视科技与技术便逐渐成为爱尔兰教育的主要特点之一。在爱尔兰的高等教育中，学生只需要学习专业内的课程。如哲学、历史之类的文科课程是很少涉及的，因为这些知识并未有助于学生们学习技术类的知识。爱尔兰的观点是，学生应该将时间更高效地用在学习那些能够使他们在技术行业中成为出色工人的专业上。

从 1997 年起，技术学院还设立了一个特殊的国家技术课程，主要针对那些以前没有考虑学习技术的人群。另外，已经在工作的雇员和 21 岁以上的学生也被鼓励修习此课程。从总体上说，爱尔兰正在试图为尽可能多的公民提供技术培训，因为，爱尔兰政府知道，爱尔兰经济决定于爱尔兰具有受过良好技术教育的劳动力。

5. 重视职业教育培训

爱尔兰具有较完整有效的职业教育培训体系，这也是其经济发展迅速的重要原因之一。

（1）众多的职业教育机构和培训方式。爱尔兰的职业教育培训由多种机构提供，包括：职业教育委员会（VEC）学校，普通中学、社区中学和综合学校，地区职业教育培训中心，FAS（国家培训就业局）培训中心，继续教育学院，技术学院、大学和行业培训中心。

爱尔兰全日制的职业教育培训方式有很多种，包括：后毕业证书课程（Post Leaving Certificate，PLC）、为 21 岁以上的失业者提供的职业培训机会计划（Vocational Training Opportunities Scheme）、为 15～20 岁的离校者提供的青少年（Youthreach）培训。大多数全日制继续教育项目都是由 PLC 项目来提供，有包括儿童护理、理发、建筑和商业等 60 多个领域的 1000 多门课程可以选择。这些课程由学校和学院中的 213 个中心提供，大约 92% 的课程是由职业学院提供，学期为 1～2 年，包含了普通教育、职业培训和少数的工作经验等方面。

（2）爱尔兰国家培训就业局（FAS）。在爱尔兰的职业培训中，不能不提到 FAS（Ireland's National Training and Employment Authority，国家培训就业局）。它是劳动就业部的下属机构，建立于 1967 年，其职责是提供就业培训以及相关的指导服务。它由爱尔兰政府拨款，同时也受欧洲社会基金的资助。FAS 主要针对失业群体提供相关服务，同时也针对在职人员进行培训教育。FAS 在全国各地有 20 个培训中心，并与一些合作机构组成了一个培训网络。FAS 在其培训中心为青年提供全日制的职业课程培训，这些课程培训的时间长短不等，大致在 4～6 个月，培训中心提供的培训课程广泛，从针对企业主进行的管理技能培训到给社会弱势群体进行的技能培训，等等。培训中心所提供的培训课程主要有：建筑、美发、会计、信息技术、机床控制、商业知识、市场销售、计算机制图、印刷技术、计算机应用、办公室事务、卡车驾驶、产品开发、电子工程学、营销培训、台式印刷、软件开发、货物托运、产品开发、燃气安装、焊接技术等。FAS 负担培训的一切费用。想要获得培训的青年需要接受全国各地的 FAS 就业服务办公室的面试，然后进行适合的课程培训。

（3）学徒制。学徒制是爱尔兰继续教育和职业教育培训的重要组成部分。由 FAS（国家培训就业局）和科学教育部、雇主和工会联盟共同管理和提供培训。要想参加学徒培训，首先要获得初级教育毕业证书，但实际上大多数的学徒都已经获得了中等教育毕业证书。爱尔兰的学徒制在过去是以培训时间为基础的，在改革后则以培训目标标准为基础（Standards-based），各个行业统一相关的标准，以使全国范围内获得承认的资格证书得以推广。学徒制的培训时间一般为四年，包括了七个阶段，其中，三个阶段是脱产的（总共有 40 周），四个阶段是在业的。在业阶段，雇主将按照和社会伙伴的约定，按议定行业工资的一定比例为学徒支付工资；在脱产阶段，则由 FAS（国家培训就业局）按照雇主支付的工资数量为学徒提供补助。以标准为基础的学徒制只局限于部分职业，这些职业主要存在于传统行业，如建筑、电子、机械和印刷行业。学徒在顺利完成所有的培训项目后将获得全国技师证书（National Craft Certificate）。

爱尔兰的学徒培训，在 20 世纪 90 年代末有较快发展。登记注册的学徒人数从 1996 年的 4150 人增加到了 2000 年的 8100 人，增长了近 1 倍。此后，虽然偶有年份略有下降，但大都保持在 8000 人左右。到了 2008 年，学徒制开始逐渐退出，登记注册的学徒人数下降至 3765 人（见图 3 - 20）。近年来，爱尔兰的学徒主要集中在建筑（占 51%）、电子（占 31%）等行业（见图 3 - 21）。

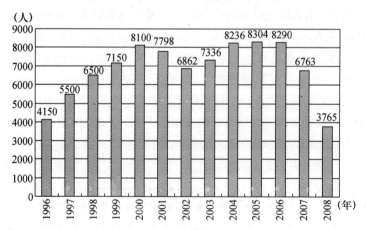

图 3 - 20 爱尔兰登记注册的学徒人数（1996 ~ 2008 年）

资料来源：FAS，Annual Report（2008）。

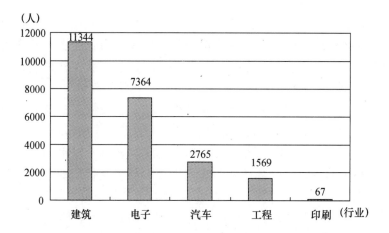

图 3 – 21 按行业分类的现有学徒人数（2008 年 12 月）

资料来源：FAS，Annual Report（2009）。

（4）企业培训（Enterprises Training）。爱尔兰的企业培训情况在欧洲发达国家中处于中等水平，根据欧盟 2005 年的调查，爱尔兰有 67% 的企业为员工提供教育培训，这一比例虽然远远低于英国（90%）、挪威（86%）和丹麦（85%）等国的情况，但也仍然好于欧盟 27 国的平均水平（60%）（见图 3 – 22）。

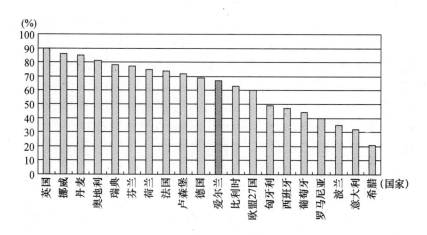

图 3 – 22 提供培训的企业占全部企业的比重（2005 年）

资料来源：Eurostat。

在爱尔兰的企业培训里，技术网络项目（Skillnets）是一个比较重要的项目。Skillnets 设立于 1999 年，由国家提供资助，由企业主导并作为培训的提供者，通过私人部门企业联合体为在业员工、寻找工作的劳动者，和其他企业提供技能培训。

该项目通过国家对企业的支持和赞助，鼓励企业根据自身所在的部门和行业，设计、管理并联合起来以企业联合体的形式（Networks）向全国范围提供特定的培训项目。所谓的 Skillnet 企业联合体（Skillnets Network），是指一个群体的企业共同合作来为它们集体的员工提供培训。这个联合体中的不同企业，或者是由于地理位置的相邻，或者是由于在同一个行业，或者是由于处于供应链的上下游，而结合成为 Skillnet 联合体。

从 1999 年以来，该项目已经推动了 50000 家爱尔兰企业，通过超过 300 个企业联合体，为 24 万名员工提供了提升技能的培训服务。

所谓"由企业主导"是指企业和它们的员工能够直接参与到培训的论证、设计、提供和传递，以及评估过程中。在这个过程中，或者企业是主要的领导者，也或者企业是其他机构（如政府部门、认证机构、教育机构等）的合作者。

这种"由企业主导"方法的特点是：第一，具有行业针对性，因为培训是专门针对商业需求来设计的。第二，具有较大的灵活性，允许企业提出自己的需求。第三，资助方式多样性，企业的资助方式可以包含资金和其他资源。第四，伙伴性，潜在的合作者、雇主、管理者和雇员能够因此而聚在一起。第五，更好的信息传递，大企业可以向中小企业传递知识和信息，而培训者、学者和其他顾问也能够传递专业知识和信息。第六，具有创新性，有利于产生新的概念和想法，为企业带来新的观点和视野。

通过采用 Skillnets 联合体的方法，企业能够更容易实现规模经济、提高培训效率、降低培训成本，并且提供的培训也更能够与自身行业接轨。另外，在同一个联合体内，Skillnets 的企业成员也能够更好地分享经验、交流建议。2009 年底，爱尔兰有调查表明，83% 的企业都认为，Skillnets 的"企业主导"式培训方式能够更好地适合它们的商业需求。

（5）爱尔兰职业教育培训的特点。根据 OECD 的调查和比较，爱尔兰的职业教育培训具有以下几大特点：

第一，在高等教育的水平上，针对不同的职业群体（包括就业者和失业者）提供了一系列广泛的、形式多样的职业教育培训。

第二，在各个层面上建立了与社会伙伴（Social Partners）的良好合作关系。

第三，建立了良好的学徒制。

第四，出现了一些创新的职业教育培训方式，能够较好地鼓励雇主为员工培训提供广泛而主动的支持。

四、劳动力素质和结构提升，促进了经济增长和产业升级

爱尔兰在20世纪90年代和21世纪初的经济繁荣，通常被誉为凯尔特之虎（The Celtic Tiger）。关于爱尔兰经济发展奇迹的原因，许多经济学家都从各方面进行了总结（Sweeney，1998）。其中，非常重要的一点是，爱尔兰教育改革后所导致的大量劳动力素质提升，成为吸引外资的重要因素，促进了经济的快速增长；另外，劳动力结构的优化，适应了产业结构升级的需要，推动了产业结构向高附加值行业集中。

首先，爱尔兰具有大量高素质的劳动力，吸引了技术型外资流入，促进了经济增长。尤其是在20世纪90年代末、21世纪初，具有理工科背景、科学技术素质较高的劳动力占了较大比重。正如前文分析的，爱尔兰是世界上劳动力技术训练最好的国家之一，其提供的技术型劳动力，吸引了大量以技术生产为背景的外国资本进入。很多高科技外国企业，例如，Pfizer和Lucent Technomogies选择进入爱尔兰就是因为该国的劳动力都有较好的技术背景。大量技术密集型的FDI（外商直接投资）流入，为爱尔兰带来了世界上较先进的生产技术。而且，由于爱尔兰数量众多的劳动力大多具有较高的科学技术教育背景，能够很好地吸收和掌握被引进的技术，使得在此基础上进行的技术创新更为容易，因而，技术密集型FDI在爱尔兰的"技术溢出"效应特别明显，极大地促进了经济快速发展。

其次，在爱尔兰的劳动力结构中，接受过高等教育的劳动力比重较大，尤其是偏向技术型的高素质劳动力比重较大，适应了产业结构升级的需要，推动了产业结构向高附加值行业集中。例如，由于爱尔兰的劳动力中接受过理工科教育的比重较大，劳动力侧重于技术型，因而，爱尔兰的制造业就比较偏向于技术密集型行业。例如，制造业中化学及化学产品制造业所占比重较大，另外，爱尔兰的软件业也比较发达。以技术型劳动力为支撑

的行业，其附加值也比较高，产业结构也相对比较优化。

综合上述分析可见，美国和爱尔兰经济的快速发展和产业升级，总是伴随着劳动力素质的提升和劳动力素质结构的优化。因此，我们有理由得出以下假说：一国劳动力素质结构的优化，是该国产业升级的重要推动力量。

第四章 中国劳动力素质的
提高和结构优化

改革开放以来，中国的劳动力素质大幅提高，无论是从劳动力的受教育程度，还是从劳动力的技术水平来看，劳动力素质结构都出现了不同程度的优化，这为中国的产业升级奠定了越来越坚实的劳动力基础。

第一节 劳动力的受教育结构不断优化

在劳动力的结构因素中，劳动力受教育结构的变化，是影响中国产业升级及经济发展最重要的结构因素之一。改革开放以来，随着中国教育事业的飞速发展，中国劳动力受教育结构发生了巨大变化，一方面，劳动力受教育的程度总体上有了较快的提高，而且接受过高等教育的劳动力比重不断提高，劳动力受教育结构正在不断高度化；另一方面，劳动力的专业化方向也出现一定的转变，从而对经济增长和产业发展具有一定的影响。

一、劳动力受教育的程度明显提高

从一个较完整的长期宏观视角来看中国劳动力受教育结构的变化，利用各次全国人口普查数据以及相关的就业情况统计和教育统计，可以发现：中国人口受教育水平明显提高，尤其是接受过大学教育的人口的增长速度要远远高于仅接受过高中、初中和小学教育的人口的增长速度，从而导致中国接受过高等教育的劳动力规模上升至世界第一位。接受过高等教育的人口数量的相对快速增长，带来了劳动力受教育结构的变化，接受过高等教育的劳动力的比重正在不断上升。与接受过初等教育的劳动力相比较，接受过高等教育的劳动力正在相对增长。这种劳动力受教育结构的高度化，有利于劳动力更好地吸收和掌握、使用先进生产技术，有利于技术创新的推进，从而使企业升级和产业升级更容易进行。

1. 中国人口各层次的受教育水平明显提高

从整体来看，在全国人口中，无论是哪一个层次的受教育水平和受教育程度都有了明显提高，即从小学到大学，各种教育的普及率都出现了较大的上升。根据各次全国人口普查数据，1964～2005年，全国每10万人口中，接受过大学教育的（包括大专及以上）人数从416人大幅上升至8930人；接受过高中教育的人数从1319人上升至14032人；另外，接受过初中教育和小学教育的人数也有大幅上升（见表4-1）。从图4-1中可见，在全国人口中，接受过高等教育的人数在20世纪90年代后提高的速度开始加快，尤其是21世纪后增速更为明显。

表4-1　　　　　　　每10万人口中拥有各种受教育程度的人数　　　单位：人

年份	大学程度人数（指大专及以上）	高中程度	初中程度	小学程度
1964	416	1319	4680	28330
1982	615	6779	17892	35237
1990	1422	8039	23344	37057
2000	3611	11146	33961	35701
2005	8930	14032	38788	26779

资料来源：各年《中国人口普查公报》。

2. 劳动力的各类受教育程度提升的速度有较大差异，大学程度的提升速度最快

虽然从整体来看，劳动力的各类受教育程度都在提高，但是提高的速度有较大差异，其中，接受过大学教育的人数提升速度最快。根据各次全国人口普查数据，1964～2005年，每10万人口中，接受过大学教育（包括大专及以上）的人数增长了2047%，是提升最快的。同期，每10万人口中，接受过高中教育及初中教育的人数分别增长了964%和729%。接受过小学教育的人数则出现了下降，1964～2005年下降了5%（见表4-1）。

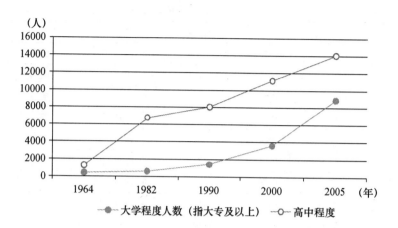

图4-1 历次全国人口普查每10万人中高中及大专以上文化程度人口

资料来源：各年《中国人口普查公报》。

具有大学教育程度的劳动力人数大幅提升，主要得益于国家对高等教育的重视。从图4-2可以看出，高等教育在中国有两次大发展。第一阶段是改革开放以后，高等学校本科毕业生数出现了一次小幅的提升。第二阶段是进入21世纪后，由于实行教育产业化政策后高等院校受扩大招生规模的激励，因而高等教育的普及率迅速上升，高等学校本科毕业生数出现了大幅增长，1999年为84.76万人，2000年为94.98万人，2005年增加到306.8万人，2009年更是达到了531.1万人（见表4-2）。

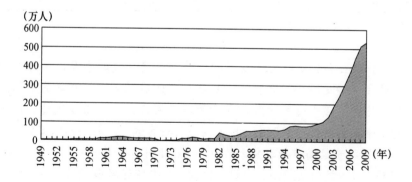

图4-2 历年中国普通高等学校本科毕业生数

资料来源：历年《中国统计年鉴》。

表4-2　　　　　　　　普通高等学校本科毕业生数　　　　单位：万人

年份	本科毕业生数	年份	本科毕业生数	年份	本科毕业生数
1950	1.8	1970	10.3	1990	61.4
1951	1.9	1971	0.6	1991	61.4
1952	3.2	1972	1.7	1992	60.4
1953	4.8	1973	3.0	1993	57.1
1954	4.7	1974	4.3	1994	63.7
1955	5.5	1975	11.9	1995	80.5
1956	6.3	1976	14.9	1996	83.9
1957	5.6	1977	19.4	1997	82.9
1958	7.2	1978	16.9	1998	83.0
1959	7.0	1979	8.5	1999	84.76
1960	13.6	1980	14.7	2000	94.98
1961	15.1	1981	14.0	2001	103.63
1962	17.7	1982	45.7	2002	133.73
1963	19.9	1983	33.5	2003	187.7
1964	20.4	1984	28.7	2004	239.1
1965	18.6	1985	31.6	2005	306.8
1966	14.1	1986	39.3	2006	377.5
1967	12.5	1987	53.2	2007	447.79
1968	15.0	1988	55.3	2008	511.95
1969	15.0	1989	57.6	2009	531.1

资料来源：历年《中国统计年鉴》。

　　一方面，在教育事业总体发展的基础上，接受过高中及以上教育的人数增长快于仅接受过小学教育的人数增长，这是符合逻辑和教育发展规律的。另一方面，接受过大学教育的人数增长最快，确实也反映出，在中国受教育水平普遍增长的基础上，国家对高等教育的支持有一定的倾斜。

　　3. 中国接受过高等教育的劳动力规模已上升至世界第一

　　根据联合国教科文组织的统计，目前，在有统计数据的国家中，中国拥有世界上数量最多的大学毕业生。2000年，中国高等教育毕业生有177.6万人，少于位居世界第一的美国的215.1万人；2002年，中国高等教育毕业生增加至194.8万人，但仍然少于美国。2004年，中国高等教育扩大招生规模的效果开始明显显现，当年高等教育毕业生增加至397.8万人，开始超过美国居世界第一位；此后每年中国高等教育毕业生规模稳居世界第一。2006年，中国高等教育毕业生数为美国的2.1倍，俄罗斯的3.0倍，日本的5.3倍，英国的8.8倍，法国的9倍，韩国的9.3倍。到了2008年，中国高等教育毕业生增加至707.1万人，是世界上高等教育毕业生数最多的国家，远远高于位居第二的美国的278.2万人，以及位居第三的日本的103.4万人，中国高等教育毕业生数是美国的2.5倍，日本的6.8倍（见表4-3）。

表4-3　　　　　　　　各国高等教育毕业生数　　　　　　　单位：人

年份	国家	人数
2000	美国	2150954
	中国	1775999
	俄罗斯	1190567
	日本	1081435
	韩国	519719
	英国	504078
	法国	500079
	泰国	453994
	巴西	347978
	德国	302095
2002	美国	2238327
	中国	1948080
	俄罗斯	1353768
	日本	1047890
	韩国	578223
	英国	562374
	法国	532083
	印度尼西亚	506124
	巴西	497598
	乌克兰	465864

续表

年份	国家	人数
2004	中国	3977882
	美国	2473299
	俄罗斯	1706156
	日本	1051262
	法国	664711
	巴西	662659
	印度尼西亚	612975
	韩国	602701
	英国	595641
	乌克兰	580089
2006	中国	5622795
	美国	2639006
	俄罗斯	1870973
	日本	1067939
	英国	640246
	法国	622937
	韩国	605160
	乌克兰	521772
	波兰	504051
	印度尼西亚	492802
2008	中国	7071047
	美国	2782270
	日本	1033774
	巴西	917111
	法国	621444
	乌克兰	610230
	韩国	605278
	波兰	558023
	泰国	541886
	德国	467335

资料来源：联合国教科文组织数据库（stats. uis. unesco. org）.

4. 接受过高等教育的劳动力的比重不断上升

以上特征相结合，就得出了中国劳动力受教育程度变化最重要的特征，即劳动力受教育的结构正在发生巨大变化：接受过高等教育的劳动力的比重正在不断上升。与接受过初等教育的劳动力相比较而言，接受过高等教育的劳动力正在经历相对增长。当然，从绝对数量上看，接受过高等教育的劳动力也是在不断增长的。

根据各次全国人口普查数据，1964～2005 年，接受过大学教育的劳动力在整体劳动力中的比例从 1.20% 上升至 10.09% （见图 4－3）。1964 年，仅接受过小学教育的人数与接受过大学教育的人数比是 68∶1；1982 年，该比例下降至57∶1；1990 年为 26∶1；2000 年为 10∶1；2005 年更是降至 3∶1。如果用通俗的比喻来形容，就是改革开放前，中国工厂是由 1 名工程师带领着 68 个学徒在干活，而进入 21 世纪后，则由 1 名工程师带领 10 个农民工在干活，现在则是 1 名工程师带领 3 个农民工在干活。高素质劳动力的配比改善，为提高劳动生产率、中国产业升级提供了基础。

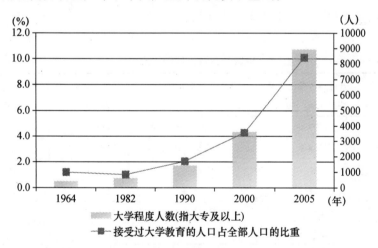

图 4－3　每 10 万人口中拥有的接受过大学教育的人数及其比重

资料来源：各年《中国人口普查公告》。

根据《中国劳动统计年鉴》的数据，接受过大专及以上教育的劳动力比重从 2001 年起开始有较大的提升，为 5.6%，比上年提高 1.8 个百分点；2008 年，该比例达到了 6.9% （见图 4－4）。

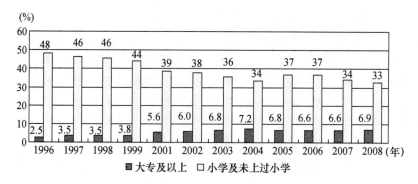

图 4 - 4　全国从业人员受教育程度构成

资料来源：各年《中国劳动统计年鉴》。

　　根据《中国教育统计年鉴》，由于高等教育发展迅速，因而小学毕业生数与本科及以上毕业生数的比值在快速缩小。2000 年，小学毕业生数与本科及以上毕业生数的比为 24：1，该比值在 2005 年为 6.2：1，2006~2009 年分别为4.8：1、3.9：1、3.4：1 和 3.2：1（见表 4 - 4）。

表 4 - 4　　　　　　　　　　　中国受教育人口的历史变化

年份	普通高等学校本科毕业生数（万人）	研究生毕业生数（万人）	小学毕业生数（万人）	小学比本科及以上
2000	95.0	5.9	2419.2	24.0
2001	103.6	6.8	2396.9	21.7
2002	133.7	8.1	2351.9	16.6
2003	187.7	11.1	2267.9	11.4
2004	239.1	15.1	2135.2	8.4
2005	306.8	19.0	2019.5	6.2
2006	377.5	25.6	1928.5	4.8
2007	447.8	31.2	1870.2	3.9
2008	512.0	34.5	1865.0	3.4
2009	531.1	37.1	1805.2	3.2

资料来源：各年《中国教育统计年鉴》。

　　劳动力受教育程度的大幅度提高，以及接受过高等教育的劳动力比重提高，使得劳动力素质结构更加高度化；接受过高等教育的劳动力的增加，有利于劳动力更好地吸收和掌握、使用先进生产技术，有利于技术创新的推进，从而使企业升级和产业升级更容易进行。

二、劳动力的专业结构变化

1. 基本情况

在劳动力受教育程度上升的同时，劳动力的专业结构也出现了较大的变化。我们比较了普通本科、专科毕业的学生中，工学、理学、经济学与管理学四个比较重要的学科情况。总体来说，在劳动力的专业结构中，工学所占比重最大，其次为管理学，再次为经济学、理学。但是，工学占比呈现小幅下降的趋势，而经济学和管理学占比则有大幅上升的趋势。

从绝对人数来看：

第一，学习工学的人数是最多的，增长也比较快。1994年，工学毕业生为22.89万人，2002年为45.98万人，2009年达到了191.84万人，是1994年的8倍（见图4-5和表4-5）。从增长速度来看，接受过高等教育的工学毕业生数增长也比较快，尤其是在2002年以后，工学毕业生数增长的速度大幅提升。1995~2001年，工学毕业生数年均增长6.6%，2002~2009年年均增长24.2%。其中，2002年和2003年分别高达31.7%和40.1%。2007~2008年，增速有所下降，但也在15%以上。2009年，工学毕业生数增长速度则出现了大幅下降，仅有4.2%。

第二，学习理学的人数相对较少，增长相对缓慢。1994年理学毕业生为8.78万人，2002年为13.15万人，2009年达到了26.60万人，是1994年的3倍。1994年理学毕业生数是工学毕业生数的38%，2009年该比例则仅有14%。从增长速度来看，1995~2001年，理学毕业生数年均增长4.4%。2002~2009年，理学毕业生数年均增长12.0%，虽然有了一定的提升，但仍远远落后于工学毕业生数的增长速度。

第三，学习经济学的人数相对较少，但增长较快。1994年，经济学毕业生为8.10万人，2002年为15.93万人。2009年经济学毕业生则达到了25.83万人，是1994年的3倍，但其数量仍然略少于理学毕业生数。从增长速度来看，1995~2001年，经济学毕业生数年均增长2.0%，2002~2009年，经济学毕业生数年均增长达到了21.4%，出现了较快的增长，接近于工学毕业学生数的增长速度。

第四，学习管理学的人数从无到有，且快速增长。管理学学科从开设以来，就有了长足的发展，管理学毕业生数 2001 年就达到了 13.99 万人，仅次于工学毕业生及文学毕业生，2009 年更是达到了 104.71 万人。2002～2009 年，管理学毕业生数年均增长 29.1%，增速高于工学毕业生。

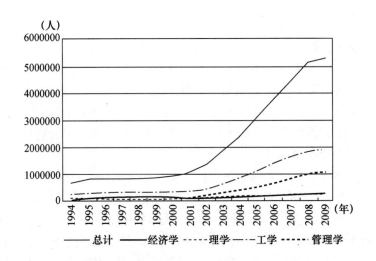

图 4 - 5　普通本科、专科分学科毕业生数

资料来源：各年《中国教育统计年鉴》。

从相对人数来看：

第一，工学毕业生数在全部普通本科、专科毕业学生中的比重最大，且经历了先上升后下降的过程（见图 4 - 6 和表 4 - 5）。1994～1999 年，高等教育中工学毕业生的比重一直是持续上升的，从 35.9% 上升至 38.5%。随后，由于管理学等新兴热门学科的出现，一部分生源被分流到了这些新兴热门学科，工学毕业生的比例开始下降，最低在 2004 年，仅有 34%。从 2005 年开始，该比例又开始出现新一轮的小幅缓慢上升，至 2009 年达到 36.1%。

第二，理学毕业生数在全部普通本科、专科毕业生中的比重较小，且出现了持续的下降。其中，1994～2000 年是缓慢下降的阶段，高等教育中理学毕业生的比重从 13.8% 下降至 10.3%；2001～2005 年是快速下降的阶段，高等教育中理学毕业生的比重从 11.2% 下降至 5.4%；2005～2009 年是相对稳定的阶段，高等教育中理学毕业生的比重基本维持在 5% 的水平上。

第三，经济学和管理学毕业生数在全部普通本科、专科毕业生中的比重从小变大，出现了持续的上升。1994～2000 年是缓慢上升的阶段，高等教育中经济学和管理学毕业生的比重从 12.7% 上升到 16.8%；随后，由于开设了管理学科且学习管理学的学生人数大幅激增，因而高等教育中经济学和管理学毕业生的比重也开始进入持续的快速上升阶段。2001～2009 年，高等教育中经济学和管理学毕业生的比重从 19.0% 增加至 24.6%，平均每年提升约 1 个百分点。

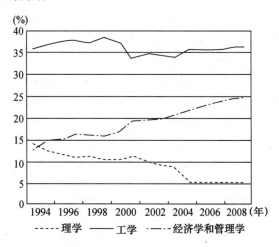

图 4 - 6 普通本科、专科毕业生中主要专业所占的比重变化

资料来源：根据各年《中国教育统计年鉴》的数据计算而得。

表 4 - 5　　　　　　　　普通本科、专科分学科毕业生数　　　　　　单位：人

年份	1994	1995	1996	1997	1998	1999	2000	2001
总计	637417	805397	838638	829070	829833	847617	949767	1036323
哲学	2117	2110	1960	1183	1183	1067	916	925
经济学	80981	119042	127018	132988	132900	134258	159299	57254
法学	17650	23170	25852	28270	29649	31500	44124	61474
教育学	35234	41898	40620	39595	40716	40271	42052	52563

续表

年份	1994	1995	1996	1997	1998	1999	2000	2001
文学	92928	115969	120051	116115	119583	120957	146997	157837
历史学	16794	18117	16423	14559	14179	13374	13661	10220
理学	87845	100566	97260	90513	92729	90395	98200	115829
工学	228922	295839	315005	314418	308574	326180	354291	349097
农学	27856	32975	33032	30190	28941	28070	30370	28543
医学	47090	55711	61417	61239	61379	61545	59857	62638
管理学								139943
年份	2002	2003	2004	2005	2006	2007	2008	2009
总计	1337309	1877492	2391152	3067956	3774708	4477907	5119498	5311023
哲学	1012	1196	1331	1275	1417	1325	1610	1652
经济学	65942	88181	113687	162977	203957	235925	258968	258264
法学	79966	110416	133364	163529	186164	204798	208000	200921
教育学	79812	117072	146685	280134	322317	352729	348848	328396
文学	198535	286889	367133	415206	524806	635004	740631	788745
历史学	11683	13905	14502	10694	10605	12316	12732	13544
理学	131494	173031	207490	164867	197231	230883	253467	266037
工学	459842	644106	812148	1090986	1341724	1594130	1841946	1918428
农学	36284	50057	59564	69531	77177	88330	97740	97392
医学	79500	111356	154187	202577	253252	300389	367491	390535
管理学	193239	281283	381061	506180	656058	822078	988065	1047109

资料来源：各年《中国教育统计年鉴》。

2. 可能的影响

劳动力的专业结构发生变化，会对产业升级的方向具有一定的影响。在目前的劳动力专业结构中，工学所占比重最大，其对产业升级方向的影响是：大量具有工科教育背景的劳动力，能够较迅速地吸收和掌握新兴技术，从而使得未来的产业升级更容易向着以技术进步来推进的、通过产品升级和创新来实现的方向进行。从劳动力专业结构的变化趋势来看，经济学和管理学占比大幅上升，其对产业升级方向的影响是：大量具有管理学和经济学教育背景的劳动力，能够推动未来的产业升级向着依靠不断提升管理和营销能力，创建和管理自主品牌，通过经济活动层次上的升级和创新来实现的方向进行。

三、劳动力受教育的行业结构

在劳动力受教育程度普遍提高的基础上，各行业的劳动力素质也都相应提高。但是，分行业来看，不同行业的劳动力素质水平是具有较大差异的。在这一部分，我们将考查不同劳动力素质在行业间的分布。

1. 国民经济各行业的劳动力平均受教育水平结构

"按行业分全国从业人员受教育程度构成"的统计数据，在2002年后才出现。因此，受数据可得性的限制，我们只能分析2002～2009年劳动力受教育的行业结构情况。

（1）国民经济各行业的劳动力平均受教育水平的计算。一般地，劳动力的平均受教育年限是衡量劳动力平均受教育水平的主要指标。因此，我们需要计算各行业从业人员的平均受教育年限。其具体计算方法：

$$edu_i = \sum_k p_{ki} \times ey_{ki}$$

式中，edu_i 是第 i 行业从业人员的平均受教育年限，i = A，B，…，S；p_{ki} 是第 i 行业中受教育程度为 k 的从业人员所占的比重，k = 未上过学，小学，初中，高中，大学专科，大学本科，研究生，p_{ki} 的原始数据见表4－6；ey_{ki} 是第 i 行业受教育程度为 k 的从业人员的受教育年限，我们假定，受教育程度为未上过学、小学、初中、高中、大学专科、大学本科、研究生的从业人员的受教育年限分别为 3 年、6 年、9 年、12 年、15 年、16 年、20年。具体计算结果见表4－7。

表4－6　　　　　　按行业分全国从业人员受教育程度构成　　　　单位:%

2002 年						
行业代码	未上过学	小学	初中	高中	大学专科	大学本科	研究生
总计	7.8	30.0	43.2	13.1	4.3	1.6	0.1
A	11.7	41.4	42.1	4.5	0.2	0.0	0.0
B	1.4	17.0	55.0	22.3	3.4	0.8	0.1
C	1.3	14.4	53.4	24.7	4.7	1.5	0.1

续表

2002 年						
行业代码	未上过学	小学	初中	高中	大学专科	大学本科	研究生
D	0.7	6.3	35.3	39.2	14.3	3.9	0.3
E	1.7	20.7	57.6	15.0	3.6	1.4	0.0
F	0.7	10.0	52.5	29.7	5.6	1.4	0.1
G	0.4	1.7	19.5	35.4	25.6	15.9	1.4
H	2.3	15.6	52.4	24.7	4.1	0.9	0.0
I	2.5	14.7	58.9	20.8	2.5	0.5	0.0
J	1.4	2.9	12.2	37.1	34.9	10.7	0.9
K	1.6	4.9	23.7	36.0	24.2	9.1	0.5
L	1.3	10.1	47.0	30.2	8.8	2.3	0.2
M	1.2	2.6	18.1	30.0	24.9	21.7	2.5
N	1.5	10.6	33.3	32.5	16.3	5.7	0.2
O	3.3	17.2	54.7	20.6	3.4	0.7	0.0
P	0.2	0.9	7.6	33.0	39.7	17.5	1.1
Q	0.7	3.9	19.8	39.9	24.8	10.3	0.5
R	0.4	2.8	22.5	36.9	26.4	10.2	0.8
S	0.2	1.7	12.7	33.5	37.3	13.8	0.8
2009 年						
行业代码	未上过学	小学	初中	高中	大学专科	大学本科	研究生
总计	4.8	26.3	48.7	12.8	4.7	2.5	0.2
A	7.7	37.5	48.9	5.5	0.4	0.1	0.0
B	0.7	14.8	58.5	18.4	5.0	2.4	0.2
C	0.9	13.1	56.8	20.6	5.9	2.5	0.2
D	0.3	4.6	29.8	37.5	20.0	7.3	0.6
E	1.4	19.2	60.7	13.4	3.6	1.7	0.0
F	0.6	9.4	55.3	25.4	6.7	2.5	0.1
G	0.2	2.4	21.7	26.4	26.3	20.6	2.4
H	1.0	11.4	51.7	26.5	7.0	2.3	0.1
I	1.1	12.0	58.9	22.8	4.2	1.0	0.0
J	0.1	1.3	12.3	26.7	34.2	23.6	1.9

续表

2009 年						
行业代码	未上过学	小学	初中	高中	大学专科	大学本科	研究生
K	0.8	8.0	31.9	29.5	19.0	10.2	0.6
L	0.5	5.0	29.5	28.9	19.5	15.1	1.5
M	0.5	3.5	24.2	22.0	20.6	25.3	4.1
N	1.7	13.3	38.1	23.8	13.2	8.9	0.9
O	1.8	14.5	55.7	21.9	4.5	1.6	0.1
P	0.2	1.9	9.6	19.4	34.8	29.5	4.6
Q	0.3	3.3	16.5	29.4	31.8	17.3	1.4
R	0.7	5.8	32.1	27.1	17.2	15.7	1.5
S	0.4	2.8	13.8	25.1	35.4	21.3	1.1

注：①各行业代码的具体含义为：农、林、牧、渔业：A；采矿业：B；制造业：C；电力、燃气及水的生产和供应业：D；建筑业：E；交通运输、仓储和邮政业：F；信息传输、计算机服务和软件业：G；批发和零售业：H；住宿和餐饮业：I；金融业：J；房地产业：K；租赁和商务服务业：L；科学研究、技术服务和地质勘查业：M；水利、环境和公共设施管理业：N；居民服务和其他服务业：O；教育业：P；卫生、社会保障和社会福利业：Q；文化、体育和娱乐业：R；公共管理和社会组织：S。

②由于小数点后数值按四舍五入取值，因而部分指标百分比加总不等于100.0%。

资料来源：《中国劳动统计年鉴（2003，2010)》。

表4-7　　　　　　　按行业分全国从业人员的平均受教育年限　　　　　单位：年

年份	2002	2009
合计	8.4	8.8
农、林、牧、渔业	7.2	7.6
采矿业	9.3	9.6
制造业	9.6	9.7
电力、燃气及水的生产和供应业	11.1	11.7
建筑业	9.0	9.1
交通运输、仓储和邮政业	10.0	10.0
信息传输、计算机服务和软件业	12.8	13.0
批发和零售业	9.4	10.0

年份	2002	2009
住宿和餐饮业	9.2	9.6
金融业	12.9	13.7
房地产业	12.0	11.5
租赁和商务服务业	10.2	12.1
科学研究、技术服务和地质勘查业	13.1	13.0
水利、环境和公共设施管理业	11.0	10.7
居民服务和其他服务业	9.1	9.5
教育业	13.7	14.2
卫生、社会保障和社会福利业	12.3	13.0
文化、体育和娱乐业	12.4	11.9
公共管理和社会组织	13.2	13.4

资料来源：笔者计算。

（2）大多数行业的劳动力受教育水平有所提高。根据计算而得的各行业劳动力平均受教育年限的结果，可以发现：

从受教育年限的绝对水平的增长来看，2009 年与 2002 年相比，大多数行业的劳动力，其平均受教育年限都有所提高。其中，租赁和商务服务业的提高幅度较大，其劳动力平均受教育年限从 10.2 年提高至 12.1 年，提高了 18.6%，这意味着该行业劳动力的平均受教育程度基本上达到了高中毕业的水平。其他行业劳动力平均受教育年限的提高幅度较小，约为 1%～6%。例如，金融业的劳动力平均受教育年限从 12.9 年提高至 13.7 年，农、林、牧、渔业的劳动力平均受教育年限从 7.2 年提高至 7.6 年。

但是，其中值得注意的是，科学研究、技术服务和地质勘查业的劳动力平均受教育年限出现了下降，从 13.1 年下降至 13.0 年，虽然幅度很小，但是却显示了这几年该行业存在高素质人才流失的情况，导致这种情况出现的原因，可能与该行业的收入水平相关。如果这种趋势延续下去，则前景足以令人忧虑。科学研究和技术服务业，对一个国家科学和技术的发展十分关键，是对知识的系统性和创造性研究的基础，如果该行业的发展缓慢，则会制约其他行业的技术应用和技术创新。

另外，出现下降趋势的行业还包括水利、环境和公共设施管理业，文化、体育和娱乐业以及房地产业，下降幅度分别为 2.72%、4.03% 和 4.16%。

（3）劳动力受教育水平的行业结构比较。从受教育年限的相对水平即行业排名来看，2009 年，从业人员的平均受教育年限最高的三个行业为教育业，金融业，公共管理和社会组织，其平均受教育年限分别为 14.2 年、13.7 年、13.4 年，相当于这些行业劳动力的平均受教育水平都基本上接近了大学专科的水平。2002 年，从业人员平均受教育年限最高的三个行业为教育业，金融业，科学研究、技术服务和地质勘查业。公共管理和社会组织的排名上升，较大程度上受益于近年来出现的"公务员热"，由于公务员具有较高收入和较稳定的社会保障及工作环境，因而许多大学毕业生甚至研究生都倾向于进入政府部门就业。

平均受教育年限最低的三个行业在 2002 年和 2009 年都是相同的，分别为农、林、牧、渔业，建筑业，居民服务和其他服务业，其 2009 年的劳动力平均受教育年限分别为 7.6 年、9.1 年和 9.5 年，相当于这些行业劳动力的平均受教育水平基本上仅限于小学毕业至初中毕业的水平。这三个行业的从业人员以农民或者农民工居多，因此，劳动力的平均受教育水平也比较低。

在行业排名中，卫生、社会保障和社会福利业的排名有所上升，从第 6 名上升至第 4 名，表现出接受过高等教育的劳动力不断流入该行业的趋势。

另外，值得注意的是，制造业的排名一直相对靠后，而且出现排名下降的趋势。2009 年位于第 14 名，比 2002 年下降了 1 个位次，意味着该行业对接受过高等教育的劳动力的吸引力正在下降，或者说该行业吸纳接受过高等教育的劳动力的能力有所下降。2009 年，该行业劳动力的平均受教育年限为 9.7 年，相当于该行业的从业人员平均只有初中至高中的文化水平。这意味着，制造业的劳动力受教育程度是比较低的。在我国仍然处于工业化后期的阶段中，目前的劳动力素质仍然不能满足技术升级的需要。

从行业排名来看，各行业从业人员的素质分布，主要与行业的平均劳动收入相关。例如，金融业的收入水平在各行业中是相对较高的，因此吸引了较多接受过高等教育的劳动力。

但是，目前这种劳动力受教育程度的行业分布结构并不利于产业升级。金融业、公共管理和社会组织都是非生产性的行业，虽然能够间接地对社会生产起作用，但是直接推动的作用并不大。接受过高等教育的劳动力过于密集地集中在这两大行业，必然造成制造业从业人员的平均受教育程度不高，而产业升级在很大程度上仍然是制造业内部的升级。只有当制造业本身从业人员的受教育程度提高了，才有可能在制造业内部引发出更多的技术创新和更普遍地应用新技术，从而实现产业升级。

2. 制造业中的劳动力受教育结构

由于制造业在中国的经济部门中具有举足轻重的地位，因而，本书将进一步分析制造业中劳动力受教育结构的变化。在制造业中，按4位数行业代码来分类的各行业从业人员的受教育程度的统计数据，能够通过2004年和2008年的全国经济普查而获得。因此，这里主要是对这两年的劳动力受教育行业结构情况进行对比。

(1) 制造业各细分行业的劳动力平均受教育水平的计算。首先，需要计算制造业中各细分行业从业人员的平均受教育年限。其具体计算方法与上述国民经济大行业的计算方法相似：

$$edu_i = \sum_k p_{ki} \times ey_{ki}$$

式中，edu_i 是第 i 行业从业人员的平均受教育年限，i 表示行业代码；p_{ki} 是第 i 行业中受教育程度为 k 的从业人员所占的比重，k = 研究生学历、大学本科学历、大学专科学历、高中学历、初中及以下学历；p_{ki} 的原始数据见表 4 - 8；ey_{ki} 是第 i 行业受教育程度为 k 的从业人员的受教育年限，假定受教育程度为研究生学历、大学本科学历、大学专科学历、高中学历、初中及以下学历的从业人员的受教育年限分别为 20 年、16 年、15 年、12 年、9 年。

根据上述方法计算而得的各行业劳动力平均受教育年限结果见表 4 - 9。

表4-8　　　　　制造业中按细分行业分从业人员受教育程度构成　　　单位:%

行业代码	2004 年					2008 年				
	研究生	大学本科	大学专科	高中	初中及以下	研究生	大学本科	大学专科	高中	初中及以下
制造业	0.3	3.2	7.4	32.8	56.3	0.6	4.7	10.1	33.6	50.9
1300	0.2	2.4	7.0	32.9	57.4	0.4	3.2	8.6	32.7	55.1
1400	0.3	3.3	8.9	33.7	53.7	0.6	4.8	11.5	34.0	49.1
1500	0.2	3.8	10.3	38.0	47.5	0.5	4.9	12.5	35.9	46.1

续表

行业代码	2004 年					2008 年				
	研究生	大学本科	大学专科	高中	初中及以下	研究生	大学本科	大学专科	高中	初中及以下
1600	0.5	7.2	15.3	39.6	37.4	1.2	10.8	20.1	30.9	37.0
1700	0.1	1.1	4.1	28.9	65.9	0.2	1.9	6.2	31.2	60.4
1800	0.1	1.1	3.8	25.5	69.7	0.2	1.9	5.8	28.0	64.1
1900	0.1	0.8	3.3	23.7	72.1	0.7	1.5	5.3	26.5	66.0
2000	0.1	1.2	4.3	26.9	67.5	0.2	1.8	5.9	29.6	62.5
2100	0.1	1.6	5.1	28.3	64.9	0.2	2.5	7.3	29.0	60.9
2200	0.1	1.8	6.2	32.8	59.0	0.2	3.0	8.7	32.9	55.1
2300	0.2	2.4	8.3	38.2	50.9	0.4	3.9	11.4	37.4	47.0
2400	0.1	1.3	4.1	24.2	70.4	0.3	2.2	5.9	27.5	64.1
2500	0.4	5.8	12.5	40.7	40.7	0.8	9.2	17.1	37.6	35.4
2600	0.4	4.5	10.1	36.8	48.2	0.8	6.3	13.3	35.9	43.7
2700	1.0	9.5	16.8	42.2	30.6	1.7	12.2	19.7	37.3	29.1
2800	0.2	4.0	8.5	38.9	48.4	1.8	4.4	13.5	36.0	44.2
2900	0.2	2.1	6.0	33.2	58.4	0.3	3.2	8.9	32.9	54.7
3000	0.1	1.9	6.1	31.1	60.7	0.3	3.1	8.2	32.4	56.0
3100	0.1	1.3	4.4	26.9	67.3	0.3	2.3	6.9	29.9	60.6
3200	0.2	4.6	10.5	38.7	46.1	0.8	6.0	12.7	38.2	42.3
3300	0.2	4.0	10.4	35.5	49.9	0.8	5.5	12.3	34.8	46.7
3400	0.2	2.4	6.6	31.1	59.7	0.4	3.7	9.5	32.8	53.6
3500	0.2	3.8	8.6	34.8	52.5	0.5	5.5	11.8	35.1	47.1
3600	0.4	5.7	11.4	38.8	43.7	1.0	8.0	14.6	37.6	38.7
3700	0.3	5.7	11.2	39.9	42.8	1.2	7.9	14.0	37.4	39.5
3900	0.4	4.5	9.2	35.9	50.1	0.7	6.4	12.1	35.7	45.0
4000	1.0	7.5	9.5	41.7	40.2	1.6	8.9	12.2	41.0	36.3

续表

行业代码	2004 年					2008 年				
	研究生	大学本科	大学专科	高中	初中及以下	研究生	大学本科	大学专科	高中	初中及以下
4100	0.8	7.5	11.7	36.7	43.3	1.3	9.5	14.2	35.3	39.7
4200	0.1	1.4	4.6	27.0	66.9	0.3	2.5	7.0	29.8	60.4
4300	0.2	1.8	6.0	27.3	64.6	0.5	2.6	8.0	29.4	59.5

注：①各行业代码的具体含义为：农副食品加工业：1300；食品制造业：1400；饮料制造业：1500；
烟草制品业：1600；纺织业：1700；纺织服装、鞋、帽制造业：1800；皮革、毛皮、羽毛
（绒）及其制品业：1900；木材加工及木、竹、藤、棕、草制品业：2000；家具制造业：
2100；造纸及纸制品业：2200；印刷业和记录媒介的复制：2300；文教体育用品制造业：
2400；石油加工、炼焦及核燃料加工业：2500；化学原料及化学制品制造业：2600；医药制
造业：2700；化学纤维制造业：2800；橡胶制品业：2900；塑料制品业：3000；非金属矿物
制品业：3100；黑色金属冶炼及压延加工业：3200；有色金属冶炼及压延加工业：3300；金
属制品业：3400；通用设备制造业：3500；专用设备制造业：3600；交通运输设备制造业：
3700；电气、机械及器材制造业：3900；通信设备、计算机及其他电子设备制造业：4000；
仪器仪表及文化、办公用机械制造业：4100；工艺品及其他制造业：4200；废弃资源和废旧
材料回收加工业：4300。

②由于小数点后数值按四舍五入取值，因而部分指标百分比加总不等于100.0%。

资料来源：根据 2004 年和 2008 年《中国经济普查年鉴》中"按行业（大类）、学历分组的法人单
位从业人数"的数据计算而得。

表 4-9　　　制造业中按细分行业分全国从业人员的平均受教育年限　　　单位：年

行业	2004 年	2008 年
制造业	10.7	11.0
农副食品加工业	10.6	10.8
食品制造业	10.8	11.1
饮料制造业	11.0	11.2
烟草制品业	11.7	12.0
纺织业	10.2	10.5
纺织服装、鞋、帽制造业	10.1	10.3
皮革、毛皮、羽毛（绒）及其制品业	10.0	10.3
木材加工及木、竹、藤、棕、草制品业	10.2	10.4
家具制造业	10.3	10.5

续表

行业	2004 年	2008 年
造纸及纸制品业	10.5	10.7
印刷业和记录媒介的复制	10.8	11.1
文教体育用品制造业	10.1	10.4
石油加工、炼焦及核燃料加工业	11.4	11.9
化学原料及化学制品制造业	11.1	11.4
医药制造业	12.0	12.3
化学纤维制造业	11.0	11.4
橡胶制品业	10.5	10.8
塑料制品业	10.5	10.7
非金属矿物制品业	10.2	10.5
黑色金属冶炼及压延加工业	11.1	11.4
有色金属冶炼及压延加工业	11.0	11.2
金属制品业	10.5	10.9
通用设备制造业	10.9	11.2
专用设备制造业	11.3	11.7
交通运输设备制造业	11.3	11.6
电气、机械及器材制造业	11.0	11.3
通信设备、计算机及其他电子设备制造业	11.5	11.8
仪器仪表及文化、办公用机械制造业	11.4	11.7
工艺品及其他制造业	10.2	10.5
废弃资源和废旧材料回收加工业	10.3	10.6

注：由于数据来源不同，因而本表的平均年限与表4－7中的平均年限不具有可比性。

资料来源：笔者计算。

（2）劳动力受教育水平的行业结构比较。首先，从绝对水平来看，制造业中各细分行业的劳动力平均受教育水平差距不大。2004 年，制造业平均的劳动力平均受教育年限为 10.7 年，各行业的劳动力平均受教育年限的区间为［10.0 年，12.0 年］，仅相差两年。2008 年，制造业平均的劳动力平均受教育年限为 11 年，各行业的劳动力平均受教育年限的区间为［10.3 年，12.3 年］，也仅仅相差两年。

其次，所有行业的劳动力平均受教育水平都出现了上升，但是上升幅度较小，仅在2% ~4%的区间以内。2008年，劳动力平均受教育水平提升幅度最大的行业为石油加工、炼焦及核燃料加工业，以及化学纤维制造业，两大行业均提高了4%。

最后，从劳动力平均受教育水平的相对量，即受教育水平的行业排名来看，2004年，排名前三位的行业是医药制造业，烟草制品业，通信设备、计算机及其他电子设备制造业。2008年，排名前三位的行业分别是医药制造业，烟草制品业，石油加工、炼焦及核燃料加工业。其中，通信设备、计算机及其他电子设备制造业的位次下降了，说明该行业对接受过高等教育的劳动力的吸引力正在下降，或者说该行业吸纳接受过高等教育的劳动力的能力有所下降。石油加工、炼焦及核燃料加工业的位次上升，说明该行业对接受过高等教育的劳动力的吸引力正在提高，或者说该行业吸纳接受过高等教育的劳动力的能力有所提高。

劳动力平均受教育水平排名后三位的行业，在2004年和2008年都相同，分别是皮革、毛皮、羽毛（绒）及其制品业，纺织服装、鞋、帽制造业，文教体育用品制造业。说明这些行业在制造业中，对接受过高等教育的劳动力的吸引力，或者说该行业吸纳接受过高等教育的劳动力的能力是比较差的。这三大行业同时也是劳动密集型行业，其中，纺织服装、鞋、帽制造业在中国的整个制造业中还算是相对比较有竞争力的行业，但该行业从业人员的受教育程度却比较低，由此可以说明，该行业的竞争力主要来自劳动力的低成本，而不是劳动力的高素质，因而，由此所带来的竞争力优势是难以持续的。这些行业需要进行产业升级，升级的方向应该是，要尽快摆脱对劳动力资源的廉价的依赖，转变成依靠先进的技术和高端的产品设计，而这些恰恰是需要提高从业劳动力的受教育程度和素质。

第二节 劳动力的技术结构变化

当劳动力的受教育程度提升时，劳动力的技术水平也在相应地提升。劳动力技术水平与劳动力受教育水平有一定的区别。其中，劳动力受教育水平是基础，是一个广泛的衡量指标。在劳动力进入某个行业后，还需要掌握与该行业相适应的具体的、专业的劳动技能和专业技术知识。其掌握的程度，则由技术等级和专业技术职称等指标来衡量。可以说，在劳动力因素中，以技术等级和专业技术职称为基础指标的劳动力技术结构，是影响行业发展的直接决定因素。因此，在考察完劳动力受教育的行业结构变化之后，还有必要再进一步考察劳动力的技术结构变化。

一般来说，对劳动力专业技术水平和专业技能的衡量，有两个平行的考察体系，即技术等级和专业技术职称，这是针对不同类别的劳动力而设立的。其中，技术等级是针对工人的专业技术水平而设立的衡量体系，由低到高分别是初级工、中级工、高级工、技师、高级技师、正高级技师。专业技术职称是针对干部的专业技术水平而设立的衡量体系，由低到高分别是初级技术职称、中级技术职称和高级技术职称。本部分将结合劳动力的技术等级和专业技术职称等级水平，综合考察劳动力的技术结构变化。

由于按行业、专业技术职称和技术等级分组的从业人员数，是在 2004 年通过经济普查以后才能获得的统计数据，因而，受数据可得性的限制，我们只能对比分析 2004 年和 2008 年劳动力的技术结构情况。

一、劳动力中的技术从业人员出现增长，但技术结构有所劣化

通过考察 2004 年和 2008 年全国法人单位从业人员中具有各种专业技术职称和技术等级的劳动力的数量，可以发现：虽然近年来劳动力中技术人员的数量有所上升，但是增长较缓慢。由此导致的问题就是劳动力的技术结构出现一定的劣化，总体技术人员在劳动力中的比重下降，高级技术从业人员比重略有上升，中低级技术从业人员比重下降，为产业升级带来了较负面的影响（见图 4-7 和表 4-10）。

首先，技术人员的数量有所上升。各层次技术等级的劳动力数量都有绝对值上的提高。其中，增长得最快的是高级技师和技师，2008 年分别比 2004 年增加了 89% 和 70% 。可见，这段时间，劳动力中技术人员的增长，主要集中在技术工人，尤其是高级技术工人的层面。中低级技术工人，以及更高层次的具有中高级技术职称的从业人员变化不大，增长最慢的是具有初级技术职称的从业人员和中级工，2008 年分别比 2004 年增加了 2.8% 和 7.1% （见图 4-8）。

高级技术工人的较快增长，是市场供求关系调节的结果。2004 年，高

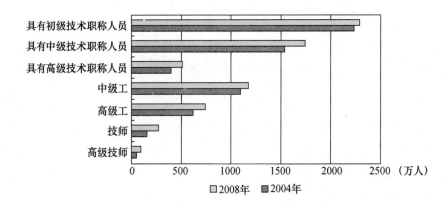

图 4 - 7   全国法人单位从业人员中各专业技术职称等级与
技术等级的人数（2004 年、2008 年）

资料来源：《中国经济普查年鉴》（2004 年、2008 年）。

表 4 - 10   全国法人单位从业人员的技术结构（2004 年、2008 年）

	人数（万人）		占比（%）	
	2004 年	2008 年	2004 年	2008 年
从业人员总计	21261.7	27153.7	100	100
其中：高级技师	51.7	97.9	0.24	0.36
技师	162.9	276.9	0.77	1.02
高级工	618.1	741.9	2.91	2.73
中级工	1091.0	1168.1	5.13	4.30
具有高级技术职称人员	398.7	514.1	1.88	1.89
具有中级技术职称人员	1535.4	1744.1	7.22	6.42
具有初级技术职称人员	2226.7	2289.6	10.47	8.43

资料来源：根据《中国经济普查年鉴》（2004 年、2008 年）中的相关数据计算而得。

级技术工人曾面临着极其短缺的状况。劳动和社会保障部 2004 年 4 月对全
国 40 个城市技能人才状况抽样调查的结果显示，技师和高级技师占全部技
术工人的比例不到 4%，而企业需求的比例是 14% 以上，供求之间存在较大
差距。技师和高级技师严重短缺。企业对高级技师、技师、高级工、中级
工和初级工的需求人数与求职应聘人数之比分别是 2.4:1、2.1:1、1.8:1、
1.5:1 和 1.5:1，对技术工人的需求比已经大于对工程技术人员的需求比。

正是由于市场存在着对高级技术工人的极大需求，因而，普通技术工人有着极大的激励向高级技术工人发展，受到高薪酬的促使而愿意加大对自身的人力资本投入；因此，高级技术工人的成长和转化也较快。

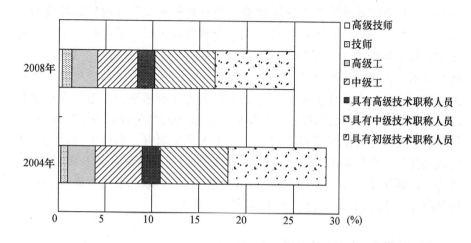

图 4 - 8　全国法人单位从业人员的技术结构（2004 年、2008 年）

资料来源：《中国经济普查年鉴》（2004 年、2008 年）。

其次，从相对比例来看，劳动力的技术结构有所劣化。总体而言，2008年具有各专业技术职称等级和技术等级的从业人员所占的比例与 2004 年相比下降了，从 28.62% 下降到 25.15%。从不同的技术层级来看，2008 年与 2004年相比，只有高级技师、技师和具有高级技术职称者在全部从业人员中所占的比重有所上升，分别上升了 0.12%、0.25% 和 0.01%。而具有初级技术职称者、具有中级技术职称者、中级工、高级工在全部从业人员中所占的比重分别下降了 2.04%、0.80%、0.83% 和 0.18%。可见，劳动力总体技术结构的劣化，主要是由中低端的技术从业人员发展缓慢而造成的。

低端技术劳动力的发展缓慢，近年来已经越来越成为制约中国经济发展和产业升级的突出问题之一。近年来，在珠三角、长三角等发达沿海地区愈演愈烈甚至逐步蔓延到内陆地区的"用工荒"，其实是中低端技术工人的供给不足。在中国，技术工人的主要来源之一是农村劳动力。当农村剩余劳动力转移到城镇就业后，经过相应一段时间的工作和培训，就有可能转化为技术工人。当然，这种转化是有条件的，既取决于劳动者本身的知识储备、素质的提高和技术的熟练掌握程度，也取决于企业和社会对农民工的培训。如果企业和社会愿意加强对普通工人的培训，就能加快普通工人对技术的掌握，从而提升技术工人成长的速度。

但是，从目前的状况看，企业和社会在对普通工人的培训方面做得还很不足，从而导致技术工人发展缓慢。企业对非熟练工人的培训具有较大的正外部性，一旦企业将非熟练工人培养成为技术工人后，技术工人选择雇主的范围便增大了，如果培训企业不能提供足够有吸引力的雇佣条件，那么技术工人就会流动到其他企业，如此一来，企业的培训成本将无法得到弥补。因此，大多数企业，尤其是中小企业都不愿意为普通工人提供培训服务。而目前，社会和国家在提供职业培训方面的公共服务也非常缺乏，使技术工人，尤其是低端和中端的技术工人发展缓慢，阻碍了劳动力技术结构的优化。中低端技术工人的发展相对缓慢，会限制产业升级的速度。因为，创新性技术要在生产中得到实际的应用、扩散和渗透，最终仍然需要靠数量广泛的初级工人和中级技术工人来掌握。

二、劳动力技术的行业结构

1. 国民经济各行业的劳动力平均技术水平结构

（1）国民经济各行业的劳动力平均技术水平的计算。我们首先需要构造一个能够衡量劳动力平均技术水平的指标，简单的思路是将各级技术水平的信息都综合进来，为不同的技术等级和专业技术职称等级赋予相应的衡量权重。在此，可以参考劳动力平均受教育水平指标的构建方法，计算劳动力平均技术水平：

$$\text{tech}_i = \sum_j p_{ji} \times w_{ji}$$

式中，tech_i 是第 i 行业从业人员的平均技术水平，p_{ji} 是第 i 行业中技术等级或专业技术职称等级为 j 的从业人员所占比重，j = 具有高级技术职称人员，具有中级技术职称人员，具有初级技术职称人员，高级技师，技师，高级工，中级工。p_{ji} 的数据见表 4 – 11。w_{ji} 是第 i 行业中第 j 技术等级或专业技术职称等级的合并权重，我们假定：具有高级技术职称人员、具有中级技术职称人员、具有初级技术职称人员、高级技师、技师、高级工、中级工的合并权重分别为 17、13、10、9、6、3、1。

根据上述方法计算得到的各行业劳动力平均技术水平如表 4 – 12 所示。

表4-11 按行业分各专业技术职称等级与技术等级从业人员的比重 单位:%

				2004 年			
行业代码	具有高级技术职称人员	具有中级技术职称人员	具有初级技术职称人员	高级技师	技师	高级工	中级工
总计	1.88	7.22	10.47	0.24	0.77	2.91	5.13
A	0.51	3.77	8.53	0.19	0.72	4.39	5.28
B	0.94	3.82	6.32	0.10	0.64	4.11	6.92
C	0.85	2.98	5.03	0.25	0.81	2.38	4.81
D	2.07	7.49	14.57	0.21	1.58	8.80	11.59
E	1.05	5.78	10.50	0.36	1.30	4.35	10.51
F	0.64	3.77	6.92	0.14	0.66	4.46	7.37
G	2.78	9.35	16.50	0.33	0.53	3.13	4.26
H	1.04	4.60	7.44	0.24	0.55	1.21	2.46
I	0.63	2.47	4.16	0.37	0.98	2.02	3.71
J	1.15	14.54	26.15	0.07	0.19	0.36	0.58
K	2.46	10.70	10.57	0.40	0.97	1.91	3.40
L	2.58	8.08	7.81	0.19	0.42	1.62	2.37
M	11.74	20.30	18.96	0.39	1.04	6.29	6.48
N	1.42	5.28	8.90	0.17	0.92	11.82	11.07
O	1.48	4.70	5.70	0.55	1.74	2.69	4.57
P	7.99	31.26	35.38	0.20	0.28	1.93	1.64
Q	5.65	21.44	40.74	0.21	0.57	3.46	3.75
R	5.90	14.49	15.73	0.22	0.69	4.44	4.67
S	1.29	5.67	7.36	0.12	0.33	2.26	2.56
				2008 年			
行业代码	具有高级技术职称人员	具有中级技术职称人员	具有初级技术职称人员	高级技师	技师	高级工	中级工
总计	1.89	6.42	8.43	0.36	1.02	2.73	4.30
A	0.98	3.86	6.90	0.35	1.51	6.37	7.29
B	1.04	3.55	5.63	0.27	1.25	5.23	6.61
C	0.79	2.55	4.50	0.38	1.01	2.33	4.13
D	2.35	7.52	14.14	0.54	2.97	12.63	9.15

行业代码	2008 年						
	具有高级技术职称人员	具有中级技术职称人员	具有初级技术职称人员	高级技师	技师	高级工	中级工
E	1.09	5.30	9.53	0.49	1.63	3.71	8.78
F	0.68	3.00	4.96	0.22	0.84	3.63	5.23
G	2.53	8.04	10.70	0.50	0.95	2.28	2.78
H	0.91	3.31	4.90	0.29	0.61	0.96	1.92
I	0.61	2.01	3.57	0.37	0.92	1.44	2.56
J	1.13	12.23	18.28	0.12	0.20	0.45	0.63
K	2.29	9.09	8.54	0.50	1.05	1.91	2.95
L	1.85	5.22	5.63	0.26	0.62	1.43	2.20
M	9.92	17.17	15.52	0.57	1.33	4.36	3.84
N	1.66	5.32	7.28	0.33	1.45	9.19	7.41
O	1.16	3.17	3.96	0.62	1.80	1.98	3.24
P	9.68	31.95	26.93	0.31	0.49	1.64	1.17
Q	6.10	19.85	34.55	0.37	0.82	2.77	2.56
R	4.83	10.98	12.01	0.27	0.87	3.12	2.82
S	1.41	5.20	5.78	0.18	0.57	2.29	2.27

注：各行业代码的具体含义为：农、林、牧、渔业：A；采矿业：B；制造业：C；电力、燃气及水的生产和供应业：D；建筑业：E；交通运输、仓储和邮政业：F；信息传输、计算机服务和软件业：G；批发和零售业：H；住宿和餐饮业：I；金融业：J；房地产业：K；租赁和商务服务业：L；科学研究、技术服务和地质勘查业：M；水利、环境和公共设施管理业：N；居民服务和其他服务业：O；教育业：P；卫生、社会保障和社会福利业：Q；文化、体育和娱乐业：R；公共管理和社会组织：S。

资料来源：根据《中国经济普查年鉴》（2004 年、2008 年）中的"按行业（大类）、专业技术职称分组的法人单位从业人员数"和"按行业（大类）、技术等级分组的法人单位从业人员数"计算而得。

表 4 – 12　　　各行业从业人员的平均技术水平（2004 年、2008 年）

行业代码	2004 年			2008 年		
	专业技术职称	专业技术等级	总体平均技术水平	专业技术职称	专业技术等级	总体平均技术水平
总计	2.30	0.21	2.51	2.00	0.22	2.22

续表

行业代码	2004 年			2008 年		
	专业技术职称	专业技术等级	总体平均技术水平	专业技术职称	专业技术等级	总体平均技术水平
A	1.43	0.24	1.67	1.36	0.39	1.75
B	1.29	0.24	1.53	1.20	0.32	1.52
C	1.03	0.19	1.23	0.92	0.21	1.12
D	2.78	0.49	3.28	2.79	0.70	3.49
E	1.98	0.35	2.33	1.83	0.34	2.17
F	1.29	0.26	1.55	1.00	0.23	1.23
G	3.34	0.20	3.53	2.54	0.20	2.74
H	1.52	0.12	1.63	1.07	0.11	1.18
I	0.84	0.19	1.03	0.72	0.16	0.88
J	4.70	0.03	4.73	3.61	0.04	3.65
K	2.87	0.19	3.05	2.42	0.19	2.62
L	2.27	0.11	2.38	1.56	0.13	1.68
M	6.53	0.35	6.88	5.47	0.30	5.77
N	1.82	0.54	2.35	1.70	0.47	2.17
O	1.43	0.28	1.71	1.01	0.26	1.26
P	8.96	0.11	9.07	8.49	0.12	8.61
Q	7.82	0.19	8.02	7.07	0.19	7.27
R	4.46	0.24	4.70	3.45	0.20	3.65
S	1.69	0.12	1.82	1.49	0.14	1.64

注：各行业代码的具体含义为：农、林、牧、渔业：A；采矿业：B；制造业：C；电力、燃气及水的生产和供应业：D；建筑业：E；交通运输、仓储和邮政业：F；信息传输、计算机服务和软件业：G；批发和零售业：H；住宿和餐饮业：I；金融业：J；房地产业：K；租赁和商务服务业：L；科学研究、技术服务和地质勘查业：M；水利、环境和公共设施管理业：N；居民服务和其他服务业：O；教育业：P；卫生、社会保障和社会福利业：Q；文化、体育和娱乐业：R；公共管理和社会组织：S。

资料来源：笔者计算而得。

（2）大多数行业从业人员的平均技术水平有所下降，干部的平均技术水平有所下降，工人的平均技术水平有所上升。从国民经济各部门从业人员平均的技术水平来看，2008 年比 2004 年略微有所下降。其中，干部的平均技术水平有所下降，工人的平均技术水平有所上升。

　　在干部队伍中，除了电力、燃气及水的生产和供应业之外的所有行业都呈现出平均技术水平下降的趋势，显示出这些行业的从业人员的技术结构正在低级化。其中，金融业，科学研究、技术服务和地质勘查业，文化、体育和娱乐业的从业人员平均技术水平下降幅度最大。这主要是因为，具有专业技术职称的从业人员在全部从业人员中的比重出现了下降。其中，在初级技术职称的层级上，这种下降尤其严重，没有一个行业出现上升趋势，教育业，金融业，卫生、社会保障和社会福利业，信息传输、计算机服务和软件业，科学研究、技术服务和地质勘查业是下降幅度最大的几个行业。在中级技术职称的层级上，技术人员比重下降的情况稍好一些，有15个行业呈现下降趋势，其中，文化、体育和娱乐业，科学研究、技术服务和地质勘查业的技术人员比重下降幅度最大；有4个行业呈现技术人员比重上升趋势，分别是教育业，农、林、牧、渔业，水利、环境和公共设施管理业，以及电力、燃气及水的生产和供应业。在高级技术职称的层级上，情况又更好一些。有11个行业呈现技术人员比重下降趋势，其中也是科学研究、技术服务和地质勘查业，文化、体育和娱乐业的技术人员比重下降幅度最大。有8个行业呈现技术人员比重上升趋势，其中教育业，农、林、牧、渔业的上升幅度最大。

　　科学研究、技术服务和地质勘查业的从业人员的平均技术水平发展状况令人担忧。在该行业中，无论是在高级技术职称、中级技术职称还是初级技术职称层面，从业人员的平均技术水平都呈现出下降趋势，而且其下降幅度在全部行业中都是非常大的。这与该行业的劳动力平均受教育年限出现下降也有关。该行业从业人员的平均技术水平下降，直接显示了高素质人才流失，非常不利于我们国家的科技发展与创新，应该引起足够的重视。

　　在工人队伍中，有10个行业的从业人员的平均技术水平呈现上升趋势；另外，有9个行业的从业人员的平均技术水平呈现下降趋势，但是下降的幅度比干部队伍的下降幅度都小。这显示出大多数行业的工人的技术结构正在缓慢地高级化，这主要得益于各行业的高级技师和技师的比重出现了上升。在高级技师和技师层面，除了住宿和餐饮业外，其他的18个行业都呈现技术工人比重上升的趋势，从而大幅提高了工人队伍中的平均技术水平。但是，在中级工的层面上，情况仍然不乐观，除了农、林、牧、渔业和金融业之外，其他的17个行业都呈现技术工人比重下降的趋势，从而使得未来高级技术工人的发展受到了基础性的限制。

结合了干部和工人的平均技术水平来看，整体而言，大多数行业的平均技术水平都是在下降的，其中，有 17 个行业的平均技术水平呈现下降趋势，表明这些行业的从业人员的技术结构正在低级化。其中，金融业，科学研究、技术服务和地质勘查业，文化、体育和娱乐业的从业人员的平均技术水平下降幅度最大，与干部队伍的情况相一致。另外，有两个行业的从业人员的平均技术水平呈现小幅上升趋势，从高到低分别是农、林、牧、渔业，电力、燃气及水的生产和供应业。

　　（3）从业人员平均技术水平的行业结构比较。从从业人员平均技术水平的相对水平即行业排名来看，2008 年，从业人员的总体平均技术水平最高的三个行业为教育业，卫生、社会保障和社会福利业，科学研究、技术服务和地质勘查业，其平均技术水平值分别为 8.61、7.27 和 5.77，相当于这些行业的从业人员基本上接近技师与高级技师的水平。2004 年，从业人员的总体平均技术水平最高的三个行业也与 2008 年相同。

　　2008 年，从业人员的总体平均技术水平最低的三个行业为住宿和餐饮业，制造业，批发和零售业，其平均技术水平值分别为 0.88、1.12 和 1.18，相当于这些行业的从业人员基本上只达到中级工的水平。2004 年，从业人员的总体平均技术水平最低的三个行业是住宿和餐饮业，制造业，采矿业。批发和零售业的位次降低，说明技术型劳动力在流失，采矿业的位次提升，说明流入该行业的技术型劳动力在增加。

　　从专业技术职称来看，2004 年从业人员平均技术水平最高的三个行业分别是教育业，卫生、社会保障和社会福利业，科学研究、技术服务和地质勘查业，这三个行业在 2008 年仍然是从业人员平均技术水平最高的行业。2004 年从业人员平均技术水平最低的三个行业分别是住宿和餐饮业，制造业，采矿业；2008 年则变为住宿和餐饮业，制造业，交通运输、仓储和邮政业。

　　从专业技术等级来看，从业人员平均技术水平排名前三位的行业在 2004 年分别是水利、环境和公共设施管理业，电力、燃气及水的生产和供应业，科学研究、技术服务和地质勘查业，在 2008 年排名领先的是电力、燃气及水的生产和供应业，水利、环境和公共设施管理业，农、林、渔、牧业。其中，电力、燃气及水的生产和供应业，采矿业的排名都有所上升，意味着技术工人的流入。从业人员平均技术水平最低的三个行业在 2004 年分别是金融业，教育业，租赁和商务服务业，在 2008 年则分别是金融业，批发和零售业，教育业。其中，租赁和商务服务业的排名有所上升，意味着技术工人的流入，批发和零售业的排名有所下降，意味着技术工人的流出。

在这些行业当中，制造业从业人员的总体平均技术水平，在 2008 年排名第 18 位，与 2004 年相同。在制造业中，工人的专业技术等级平均水平在 2008 年排名第 9 位，比 2004 年高了 9 个位次，说明制造业工人的技术结构出现了较大优化。干部的专业技术职称等级平均水平在 2008 年排名第 18 位，仍然与 2004 年相同。

2. 制造业中从业人员的平均技术水平结构

鉴于制造业当前在中国经济中的重要地位，本部分还将进一步分析制造业中，劳动力平均技术水平结构的变化。在制造业中，按 4 位数行业代码来分类的各行业从业人员的技术等级与专业技术职称等级的统计数据，只有 2004 年和 2008 年的全国经济普查结果能够提供，因此，这里也主要是对这两年的从业人员平均技术水平的行业结构情况进行对比。

（1）制造业中各细分行业从业人员平均技术水平的计算。首先，需要计算制造业中各细分行业从业人员的平均技术水平。其具体计算方法与上述国民经济大行业的计算方法相似：$tech_i = \sum_j p_{ji} \times w_{ji}$。其中，$tech_i$ 是第 i 行业从业人员的平均技术水平，i 表示行业代码；p_{ji} 是第 i 行业中技术等级或专业技术职称等级为 j 的从业人员所占比重，$j =$ 具有高级技术职称人员，具有中级技术职称人员，具有初级技术职称人员，高级技师，技师，高级工，中级工。p_{ji} 的数据见表 4-13。w_{ji} 是第 i 行业中第 j 技术等级或专业技术职称等级的合并权重，我们假定：具有高级技术职称人员、具有中级技术职称人员、具有初级技术职称人员、高级技师、技师、高级工、中级工的合并权重分别为 17、13、10、9、6、3、1。根据上述方法计算而得的制造业中各细分行业从业人员的平均技术水平结果见表 4-14。

表 4-13　制造业中按细分行业分各专业技术职称等级与技术等级从业人员的比重

单位：%

行业代码	2004 年							2008 年						
	具有高级技术职称人员	具有中级技术职称人员	具有初级技术职称人员	高级技师	技师	高级工	中级工	具有高级技术职称人员	具有中级技术职称人员	具有初级技术职称人员	高级技师	技师	高级工	中级工
制造业	0.8	3.0	5.0	0.3	0.8	2.4	4.8	0.8	2.6	4.5	0.4	1.0	2.3	4.1

续表

行业代码	2004年							2008年						
	具有高级技术职称人员	具有中级技术职称人员	具有初级技术职称人员	高级技师	技师	高级工	中级工	具有高级技术职称人员	具有中级技术职称人员	具有初级技术职称人员	高级技师	技师	高级工	中级工
1300	0.5	2.4	4.8	0.2	0.7	1.1	2.7	0.5	2.0	4.1	0.3	0.7	1.3	3.1
1400	0.7	2.6	4.8	0.2	0.7	1.2	2.9	0.6	2.3	4.3	0.4	0.9	1.3	2.9
1500	0.8	3.4	7.1	0.3	1.0	1.6	3.8	0.8	2.8	5.4	0.5	1.2	1.7	3.9
1600	0.2	5.0	11.6	0.0	0.9	8.3	15.3	0.4	5.8	11.0	0.3	2.2	12.8	16.6
1700	0.3	1.5	3.4	0.1	0.5	1.0	2.9	0.4	1.4	3.2	0.6	0.6	1.1	2.9
1800	0.2	1.0	2.4	0.1	0.4	0.7	2.3	0.2	0.9	2.5	0.1	0.4	0.8	2.3
1900	0.2	0.9	2.2	0.1	0.3	0.7	2.2	0.2	0.8	2.1	0.1	0.4	0.7	2.0
2000	0.4	1.6	3.3	0.1	0.5	0.9	2.0	0.3	1.6	3.1	0.2	0.6	1.1	2.6
2100	0.4	1.5	3.4	0.2	0.6	1.1	2.7	0.4	1.5	3.1	0.2	0.7	1.2	2.7
2200	0.5	2.1	4.3	0.2	0.6	1.4	3.6	0.5	1.7	3.9	0.2	0.7	1.3	3.2
2300	0.6	2.8	4.7	0.3	0.9	2.8	5.6	0.7	2.4	4.0	0.3	1.0	2.5	4.1
2400	0.3	1.0	2.3	0.1	0.3	0.6	1.9	0.3	1.0	2.3	0.2	0.5	0.7	1.8
2500	1.5	5.9	7.7	0.2	1.0	6.7	11.1	2.0	5.6	7.3	0.8	2.0	10.9	9.3
2600	1.3	4.4	7.0	0.3	0.9	3.3	6.8	1.2	3.8	6.4	0.5	1.3	3.7	5.7
2700	1.9	6.5	11.7	0.4	1.3	3.3	6.6	1.6	5.4	9.6	0.6	1.6	3.3	5.4
2800	0.8	3.3	5.0	0.2	0.7	2.5	6.6	0.7	3.0	4.1	0.3	1.0	3.1	5.0
2900	0.6	2.1	4.2	0.2	0.6	1.6	4.7	0.6	1.8	3.4	0.3	0.8	1.5	3.9
3000	0.5	2.0	3.6	0.2	0.6	1.0	2.6	0.5	1.7	3.2	0.3	0.7	1.0	2.3
3100	0.5	1.9	3.8	0.2	0.5	1.3	3.0	0.5	1.9	3.7	0.2	0.7	1.3	3.1
3200	1.3	4.7	6.7	0.3	1.2	8.6	11.0	1.2	3.9	6.1	0.4	1.6	7.7	9.5
3300	1.3	4.9	6.9	0.3	1.3	5.2	7.3	1.2	3.8	5.6	0.7	1.5	4.5	5.6
3400	0.7	2.7	4.7	0.3	0.8	1.7	4.2	0.7	2.4	4.2	0.3	1.0	1.6	3.5
3500	1.3	4.2	6.4	0.4	1.3	3.7	7.7	1.2	3.5	5.7	0.5	1.5	3.2	5.9
3600	1.8	5.6	7.4	0.5	1.6	5.3	9.5	1.6	4.5	6.2	0.7	2.0	4.8	6.9
3700	1.8	5.6	8.0	0.4	1.5	5.3	9.9	1.5	4.3	6.7	0.5	1.7	4.8	7.9
3900	1.2	3.5	5.6	0.5	1.0	2.2	4.5	1.0	2.8	5.0	0.4	1.1	1.8	3.8

续表

行业代码	2004 年							2008 年						
	具有高级技术职称人员	具有中级技术职称人员	具有初级技术职称人员	高级技师	技师	高级工	中级工	具有高级技术职称人员	具有中级技术职称人员	具有初级技术职称人员	高级技师	技师	高级工	中级工
4000	1.3	3.6	5.8	0.3	0.8	1.5	3.0	0.9	2.6	4.4	0.4	0.9	1.4	2.6
4100	1.9	5.0	6.8	0.4	1.2	2.8	6.1	1.6	4.3	6.1	0.6	1.3	2.6	4.0
4200	0.4	1.5	2.9	0.1	0.4	1.3	3.2	0.4	1.4	2.7	0.2	0.6	1.2	2.5
4300	0.5	1.7	2.9	0.1	0.3	0.7	2.0	0.5	1.7	3.3	0.2	0.5	1.1	2.3

注：各行业代码的具体含义为：农副食品加工业：1300；食品制造业：1400；饮料制造业：1500；烟草制品业：1600；纺织业：1700；纺织服装、鞋、帽制造业：1800；皮革、毛皮、羽毛（绒）及其制品业：1900；木材加工及木、竹、藤、棕、草制品业：2000；家具制造业：2100；造纸及纸制品业：2200；印刷业和记录媒介的复制：2300；文教体育用品制造业：2400；石油加工、炼焦及核燃料加工业：2500；化学原料及化学制品制造业：2600；医药制造业：2700；化学纤维制造业：2800；橡胶制品业：2900；塑料制品业：3000；非金属矿物制品业：3100；黑色金属冶炼及压延加工业：3200；有色金属冶炼及压延加工业：3300；金属制品业：3400；通用设备制造业：3500；专用设备制造业：3600；交通运输设备制造业：3700；电气、机械及器材制造业：3900；通信设备、计算机及其他电子设备制造业：4000；仪器仪表及文化、办公用机械制造业：4100；工艺品及其他制造业：4200；废弃资源和废旧材料回收加工业：4300。

资料来源：根据 2004 年和 2008 年《中国经济普查年鉴》中"按行业（大类）、专业技术职称分组的法人单位从业人员数"和"按行业（大类）、技术等级分组的法人单位从业人员数"的数据计算而得。

表 4-14　　　　制造业中按细分行业分从业人员的平均技术水平

行业代码	2004 年			2008 年		
	专业技术职称	专业技术等级	总体平均技术水平	专业技术职称	专业技术等级	总体平均技术水平
制造业	1.03	0.19	1.23	0.92	0.21	1.12
1300	0.88	0.12	1.00	0.76	0.14	0.89
1400	0.92	0.13	1.05	0.84	0.16	1.00
1500	1.29	0.17	1.46	1.03	0.20	1.23
1600	1.85	0.46	2.32	1.93	0.71	2.64
1700	0.60	0.10	0.70	0.56	0.15	0.71

续表

行业代码	2004 年			2008 年		
	专业技术职称	专业技术等级	总体平均技术水平	专业技术职称	专业技术等级	总体平均技术水平
1800	0.40	0.07	0.47	0.41	0.09	0.50
1900	0.37	0.07	0.44	0.34	0.08	0.41
2000	0.60	0.09	0.69	0.58	0.11	0.69
2100	0.61	0.11	0.72	0.57	0.12	0.69
2200	0.78	0.13	0.91	0.68	0.13	0.82
2300	0.94	0.22	1.15	0.82	0.21	1.03
2400	0.40	0.07	0.47	0.42	0.08	0.50
2500	1.80	0.39	2.19	1.80	0.61	2.41
2600	1.49	0.25	1.74	1.33	0.29	1.62
2700	2.34	0.28	2.62	1.94	0.30	2.23
2800	1.07	0.20	1.27	0.92	0.23	1.15
2900	0.79	0.15	0.94	0.67	0.16	0.83
3000	0.71	0.11	0.82	0.62	0.12	0.74
3100	0.70	0.11	0.82	0.70	0.14	0.83
3200	1.50	0.47	1.97	1.32	0.46	1.78
3300	1.53	0.33	1.86	1.26	0.35	1.61
3400	0.94	0.17	1.11	0.85	0.17	1.02
3500	1.40	0.30	1.70	1.22	0.29	1.51
3600	1.77	0.39	2.16	1.48	0.39	1.87
3700	1.82	0.39	2.21	1.47	0.37	1.84
3900	1.21	0.21	1.42	1.03	0.19	1.22
4000	1.26	0.14	1.40	0.93	0.16	1.09
4100	1.66	0.25	1.91	1.44	0.25	1.69
4200	0.55	0.11	0.66	0.51	0.12	0.63

续表

行业代码	2004 年			2008 年		
	专业技术职称	专业技术等级	总体平均技术水平	专业技术职称	专业技术等级	总体平均技术水平
4300	0.59	0.07	0.66	0.64	0.11	0.74

注：各行业代码的具体含义为：农副食品加工业：1300；食品制造业：1400；饮料制造业：1500；
烟草制品业：1600；纺织业：1700；纺织服装、鞋、帽制造业：1800；皮革、毛皮、羽毛
（绒）及其制品业：1900；木材加工及木、竹、藤、棕、草制品业：2000；家具制造业：2100；
造纸及纸制品业：2200；印刷业和记录媒介的复制：2300；文教体育用品制造业：2400；石油
加工、炼焦及核燃料加工业：2500；化学原料及化学制品制造业：2600；医药制造业：2700；
化学纤维制造业：2800；橡胶制品业：2900；塑料制品业：3000；非金属矿物制品业：3100；
黑色金属冶炼及压延加工业：3200；有色金属冶炼及压延加工业：3300；金属制品业：3400；
通用设备制造业：3500；专用设备制造业：3600；交通运输设备制造业：3700；电气、机械及
器材制造业：3900；通信设备、计算机及其他电子设备制造业：4000；仪器仪表及文化、办公
用机械制造业：4100；工艺品及其他制造业：4200；废弃资源和废旧材料回收加工业：4300。

资料来源：笔者计算而得。

（2）工人的平均技术水平普遍提高，高端劳动力的平均技术水平有所下降。根据计算得到的制造业各行业从业人员的平均技术水平结果如表 4 - 14 所示。通过对比 2004 年和 2008 年劳动力的平均技术水平，可以发现一个重要特征是：工人的平均技术水平普遍得到提高，而以干部为代表的高端劳动力的平均技术水平却有所下降。

第一，工人的平均技术水平普遍得到提高。在工人队伍中，通过考察专业技术等级的平均水平可以发现，在制造业的 30 个细分行业中，只有 5 个行业的平均技术水平出现下降，其余 25 个行业的平均技术水平都出现了上升。这说明，在制造业的中低端劳动力（工人）中，平均技术水平正在普遍地提升，这为中国制造业升级、普遍应用较先进技术提供了劳动力基础。

在工人平均技术水平出现下降的 5 个行业中，包括了电气、机械及器材制造业和通用设备制造业。设备器材制造业对于其他制造行业采用先进设备、提高生产技术水平具有重要意义，这些设备器材制造业的工人平均技术水平下降，会对其他行业的技术提升产生制约作用，应该引起重视。

第二，高端劳动力的平均技术水平普遍下降。在高端劳动力（干部）

队伍中，通过考察专业技术职称等级的平均水平可以发现，在制造业的30个细分行业中，只有5个行业的平均技术水平出现上升，其余25个行业的平均技术水平都出现了下降。这说明，在制造业的高端劳动力（干部）中，平均技术水平正在普遍地下降，这是不利于中国制造业升级、不利于技术自主创新的。

（3）从业人员平均技术水平的行业结构比较。首先，从绝对水平来看，制造业中各细分行业的劳动力平均技术水平差距正在缩小。从总体平均技术水平来看，2008年与2004年相比，其离差平方和正在缩小，意味着各行业的劳动力技术差距在缩小。将从业人员按工人与干部分开来分别考查，情况则有所不同。在工人层面，一方面，各行业劳动力平均技术水平的差距并不太大；另一方面，这种差距有正在逐渐拉大的趋势，2008年，各行业劳动力平均技术水平的离差平方和从2004年的0.43提高到0.68。在干部层面，各行业劳动力平均技术水平的差距正在缩小，各行业劳动力平均技术水平的离差平方和从2004年的7.987下降到2008年的5.98。

其次，从劳动力的平均技术水平的相对量，即平均技术水平的行业排名来看，2004年，总体平均技术水平排名前三位的行业是医药制造业，烟草制品业，交通运输设备制造业。这也是干部层面上，平均技术水平最高的三个行业。其中，医药制造业和烟草制品业也是2004年制造业中劳动力平均受教育水平最高的两个行业。劳动力较高的受教育水平，提升了这些行业的平均技术水平。

2008年，总体平均技术水平排名前三位的行业分别是烟草制品业，石油加工、炼焦及核燃料加工业，医药制造业。这也是干部层面上，平均技术水平最高的三个行业。同时，这三个行业还是2008年制造业中劳动力平均受教育水平最高的行业。交通运输设备制造业的位次下降，说明该行业对高技术水平的劳动力的吸引力正在下降。石油加工、炼焦及核燃料加工业的位次上升，说明随着该行业的平均收入不断上升，该行业对高技术水平的劳动力的吸引力，或者说该行业吸纳高技术水平劳动力的能力正在提高。

总体平均技术水平排名与干部的专业技术职称等级的平均水平排名较为相似，但是与工人的专业技术等级平均水平排名略有不同。2004年，工人平均技术水平排名前三位的行业是黑色金属冶炼及压延加工业，烟草制品业，专用设备制造业；2008年，工人平均技术水平排名前三位的行业是烟草制品业，石油加工、炼焦及核燃料加工业，黑色金属冶炼及压延加工业。在这些行业中，除了烟草制品业，石油加工、炼焦及核燃料加工业之外，黑色金属冶炼及压延加工业和专用设备制造业的高端劳动力（干部）的平均技术水平排名都落后于中低端劳动力（工人）的平均技术水平排名，说明这两个行业的生产主要集中在中低端环节，在普通加工和制造方面需要的技术人才较多；这两个行业对产品设计和技术设计等高端环节涉及较少，因而需要的高端技术人才也相对较少。

2004 年，总体平均技术水平排名后三位的行业是纺织服装、鞋、帽制造业，皮革、毛皮、羽毛（绒）及其制品业，文教体育用品制造业。2008 年总体平均技术水平排名最靠后的也是这三个行业。而且，这三个行业也是 2004 年和 2008 年干部层面专业技术职称等级的平均水平排名最靠后的三个行业。同时，这三个行业还是 2008 年工人层面专业技术等级的平均水平排名最靠后的三个行业（其中，纺织服装、鞋、帽制造业在 2004 年并不是平均技术水平最低的，其在 2008 年的位次进一步下降了）。在这些行业中，皮革、毛皮、羽毛（绒）及其制品业，纺织服装、鞋、帽制造业和文教体育用品制造业也都是制造业中劳动力平均受教育水平排名最靠后的行业。这说明，这些行业的平均技术水平在整体制造业中是相对落后的。

我们认为，纺织服装、鞋、帽制造业，皮革、毛皮、羽毛（绒）及其制品业，以及文教体育用品制造业成为平均技术水平排名落后的行业，很可能意味着：第一，这些行业的生产主要集中在最低端的加工制造环节，对技术的使用比较少，因此这些行业承载的技术型劳动力比较少。第二，这些行业的生产，主要依赖的是低成本的比较优势，例如，主要依靠成本低廉的非熟练劳动力等。第三，由于这些行业主要集中在低端生产环节，其生产附加值也比较低，因而这些行业的利润空间较小，从业人员的收入也相对较少，难以吸引到众多的技术人才。第四，这些行业由于缺乏相应的技术人才支撑，因而，其进行产业内升级，向高附加值、高技术等高端生产环节过渡的困难较大。

综合上述分析，从劳动力的受教育结构来看，劳动力素质出现了大幅提升，劳动力素质结构出现了优化；从劳动力的技术结构来看，情况比较复杂，但是从技术工人的层次来看，劳动力素质结构是存在着一定的优化的。这为中国的产业升级奠定了较坚实的劳动力基础。

第五章 企业调研结果及案例研究

本研究就劳动力与企业升级及企业经营之间关系的问题组织了多次问卷调查，并且，我们到山西沁新能源集团股份有限公司等企业进行深入调研，通过对大量一手材料的分析，发现从微观企业层面上看，劳动力素质结构的优化确实成为了企业升级的重要拉动力量。一方面，具有充足的高知识、高技术水平劳动力的企业，较快实现了升级；另一方面，技术型劳动力缺乏已经成为当前许多企业进行转型升级、提升产业链环节的最主要的限制因素。因此，我们认为，从微观企业层面看，劳动力素质结构优化促进产业升级的假说是成立的。

第一节 企业问卷调查样本基本情况

本研究分别于2009年8月、2010年6月和2010年8月进行了三次企业问卷调查，收到的有效样本分别为2033个、974个和1386个。

三次企业问卷调查都具有相似的行业分布特点，即大部分企业集中分布在资本相对密集型行业，如电气、机械及器材制造业，通信设备、计算机及其他电子设备制造业，少部分企业分布在劳动密集型行业，如纺织业和服装皮革羽绒及其制品业。其中，在2010年8月的调查中，废弃资源和废旧材料回收加工业、化学纤维制造业、烟草制品业的有效样本数分别为2个、1个、1个，样本量较少，难以反映行业的基本状况，因此，本书在研究第三次调查（2010年8月的调查）的结果时一般不涉及对这三个行业的分析（见表5-1和表5-2）。

三次企业问卷调查都具有相似的地区分布特点，即绝大部分企业位于东部地区，其中，半数以上企业集中在珠三角地区和长三角地区，中部地区和西部地区的企业比较少（见表5-3）。

表5-1　2009年8月第一次和2010年6月第二次企业调查样本的行业分布状况

行业	第一次		行业	第二次	
	样本量（个）	占比（%）		样本量（个）	占比（%）
纺织业	87	4.30	纺织业	61	6.26
服装皮革羽绒及其制品业	99	4.90	服装皮革羽绒及其制品业	54	5.54
木材加工及家具制造业	59	2.90	木材加工及家具制造业	44	4.52
电气、机械及器材制造业	326	16.00	电气、机械及器材制造业	183	18.79
通信设备、计算机及其他电子设备制造业	445	21.90	通信设备、计算机及其他电子设备制造业	147	15.09
仪器仪表及文化、办公用机械制造业	52	2.60	仪器仪表及文化、办公用机械制造业	25	2.57
造纸印刷及文教用品制造业	54	2.70	造纸及纸制品业	12	1.23
—	—	—	印刷及文教用品制造业	38	3.90
其他制造业	911	44.80	其他制造业	410	42.09

资料来源：笔者对调查结果的统计分析而得。

表5-2　　　　　2010年8月第三次企业调查样本的行业分布状况

行业	样本量（个）	占比（%）
采掘业	9	0.65
电力、热力、燃气、水的生产和供应业	25	1.80
电气、机械及器材制造业	80	5.77
纺织服装、鞋、帽制造业	89	6.42
纺织业	32	2.31
非金属矿物制品业	12	0.87
废弃资源和废旧材料回收加工业	2	0.14
工艺品及其他制造业	53	3.82
黑色金属冶炼及压延加工业	11	0.79

续表

行业	样本量（个）	占比（%）
化学纤维制造业	1	0.07
化学原料及化学制品制造业	58	4.18
家具制造业	27	1.95
交通运输设备制造业	61	4.40
金属制品业	83	5.99
木材加工及木、竹、藤、棕、草制品业	14	1.01
农副食品加工业	25	1.80
皮革、毛皮、羽毛（绒）及其制品业	10	0.72
其他行业	295	21.28
设备制造业	84	6.06
石油加工、炼焦及核燃料加工业	6	0.43
食品制造业	40	2.89
塑料制品业	35	2.53
通信设备、计算机及其他电子设备制造业	201	14.50
文教体育用品制造业	12	0.87
橡胶制品业	16	1.15
烟草制品业	1	0.07
医药制造业	35	2.53
仪器仪表及文化、办公用机械制造业	23	1.66
饮料制造业	3	0.22
印刷业和记录媒介的复制	18	1.30
有色金属冶炼及压延加工业	20	1.44
造纸及纸制品业	5	0.36

资料来源：笔者对调查结果的统计分析而得。

表5-3　　　　　　　三次企业调查样本的地区分布状况

地区	第一次		第二次		第三次	
	样本量（个）	占比（%）	样本量（个）	占比（%）	样本量（个）	占比（%）
长三角	545	26.80	280	28.75	486	35.1

地区	第一次		第二次		第三次	
	样本量（个）	占比（%）	样本量（个）	占比（%）	样本量（个）	占比（%）
珠三角	568	27.90	291	29.88	344	24.8
环渤海地区	210	10.30	84	8.62	140	10.1
其他东部沿海地区	240	11.80	124	12.73	171	12.3
中部地区	317	15.60	134	13.76	160	11.5
西部地区	153	7.50	61	6.26	85	6.1

资料来源：笔者对调查结果的统计分析而得。

第二节　劳动力成本上升成为企业升级的外推力

劳动力成本的上升以及农村外出转移劳动力的减少成为促进企业升级的外推力。随着农村外出转移劳动力保留成本的增加以及外出转移劳动力数量的减少，沿海地区的"用工荒"愈演愈烈，甚至连内陆地区也开始出现了招工困难。这一现象的直接后果，就是"加薪潮"的出现，即普通劳动者工资不断提升，劳动力成本持续上涨。

针对企业的问卷调研结果显示，对于绝大部分企业而言，劳动力成本提高较快是影响生产经营的最重要因素之一；劳动力成本上升成为企业升级的外推力。

一、劳动力成本提高较快是影响生产经营的最重要因素之一

劳动力成本的上升，尤其是普通劳动者（或者是低端劳动力）工资的快速上涨，普遍对企业的生产经营产生了重要影响。因此，在2010年6月和2010年8月的企业问卷调查中，我们设置了相关的问题，想借此了解，在原材料价格上涨过快、劳动力成本提高较快、汇率波动风险加大以及环

境管制强度过高等因素之中，哪些因素对生产经营影响最大。

调查结果显示，劳动力成本快速提高对企业的影响正在不断加剧。在第二次问卷调查中，有65.2%的企业认为，劳动力成本提高较快是影响生产经营最重要的因素，持这种认识的企业比例仅次于认为原材料价格上涨过快是影响生产经营最重要因素的企业比例。之后不久进行了第三次问卷调查，我们发现，认为劳动力成本提高较快是影响生产经营最重要因素的企业比例已经上升为70.1%，超过了其他所有因素的此类比例（见表5-4）。这说明，劳动力成本提高所带来的影响是持久而广泛的，企业难以在短期内消化掉劳动力成本提高带来的影响。而且，随着农村外出转移劳动力数量的不断减少和外出转移劳动力保留成本的不断上升，在相当长一段时期内劳动力成本将进一步提高，企业必须在较长时期内接受并应对由此带来的挑战。

表5-4　　　　　　　　企业认为影响生产经营最重要的因素　　　　　　　单位：%

因素	第二次调查	第三次调查
劳动力成本提高较快	65.2	70.1
环境管制强度过高，导致企业成本高涨	31.1	31.6
原材料价格上涨过快	71.6	65.1
汇率波动的风险加大	46.5	49.9

资料来源：笔者对调查结果的统计分析而得。

分行业来看（见图5-1），认为劳动力成本提高较快是影响生产经营最重要因素的企业所占比重较高的行业是：纺织服装、鞋、帽制造业（85%），纺织业（84%），文教体育用品制造业（83%），工艺品及其他制造业（83%），皮革、毛皮、羽毛（绒）及其制品业（80%），塑料制品业（80%），木材加工及木、竹、藤、棕、草制品业（79%），家具制造业（78%），印刷业和记录媒介的复制（78%）等，这些行业的该类企业占比都超过了全部制造业的平均水平（70%）[①]。其原因在于，一方面，这些行业基本上是劳动密集型行业，使用的劳动力较多，因此劳动力成本提高所

[①] 这里的分析排除了部分由于样本量较少而不能较全面地反映情况的行业。例如，在本次调查中，废弃资源和废旧材料回收加工业、化学纤维制造业、烟草制品业的有效样本数分别为2个、1个、1个，其所在行业的企业全部都认为对本企业生产经营影响较大的因素是劳动力成本提高较快，因此，其比重都为1。

造成的影响比较大。另一方面，这些行业的劳动生产率不高，仍处在产业链的低端，利润空间较小，因此，成本上升对利润的挤占效果较明显。

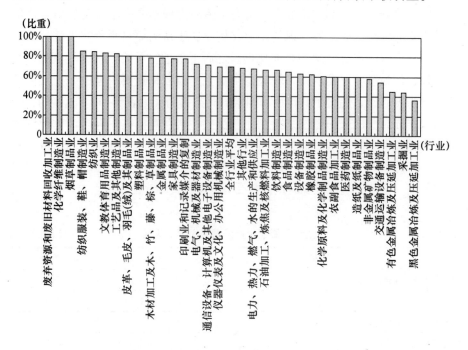

图5-1 认为劳动力成本提高较快是影响生产经营最重要因素的企业占其所在行业的比重
资料来源：笔者对调查结果的统计分析而得。

认为劳动力成本提高较快是影响生产经营最重要因素的企业所占比重低于全部制造业的平均水平（70%）的行业是：有色金属冶炼及压延加工业（45%）、交通运输设备制造业（54%）、非金属矿物制品业（58%）、医药制造业（60%）、农副食品加工业（60%）、化学原料及化学制品制造业（60%）、设备制造业（63%）等。在这些行业中，部分行业属于资本密集型行业，如有色金属冶炼及压延加工业、医药制造业、化学原料及化学制品制造业等，其使用的劳动力相对较少，因此，劳动力成本上升的影响也相对较小。另一些行业虽然仍然属于劳动密集型行业，如非金属矿物制品业、农副食品加工业、交通运输设备制造业、设备制造业等，但这些行业中，企业认为劳动力成本上升对生产经营影响不大的比重也较高，一部分原因可能是，这些行业的劳动生产率相对较高，行业增加值率较高、企业的利润空间较大，较能够承受劳动力成本上升的影响；另外，这些行业的企业使用的劳动力主要是中高端劳动力而非低端劳动力，而劳动力成本较快上涨主要是在低端劳动力群体上体现得较为明显，中高端劳动力的成本上升并不快，因此，企业受到的影响也相对较小。

二、劳动力成本上升成为推动企业升级的外推力

劳动力成本持续上升，使得过去仅仅依靠廉价劳动力来获得竞争优势的生产方式难以为继，很多专注于劳动力密集型产品和技术水平较低产品的企业，利润空间不断被压缩。企业要想继续生存下来并保存竞争优势，只能通过自身的技术升级，通过提高生产效率，通过提升自己在产业链条中的环节，从劳动力的技术水平、从产品开发设计以及管理等方面寻找企业升级的切入点，来消除劳动力成本上升的负面影响。

劳动力成本提高较快成为影响企业生产经营的最重要因素后，可能带来两种结果。第一种结果是，对于以前仅仅或者主要是依靠低廉劳动力来获取比较优势的企业来说，劳动力成本上升逐渐吞噬了企业的价格优势，如果不能及时改变，企业将因为缺乏竞争力而被逐出市场。

第二种结果是，当将要丧失劳动力成本低的比较优势时，企业另寻别径，培养和创造新的竞争优势来保持竞争力。新的竞争优势，可以是技术进步带来的技术优势，产品创新带来的创新优势，品牌建设升级带来的品牌优势……那么，新的竞争优势最有可能来源于什么呢？这还是要由中国所拥有的要素禀赋和制度所决定。

首先，大量丰富的劳动力依然是中国的要素禀赋之所在。虽然劳动力成本在提高，但劳动力要素禀赋不仅可以表现在劳动力成本上，更可以表现在劳动力所承载的技术和劳动力结构变化所带来的促进企业升级的空间上。中国目前拥有13亿人口，其中有将近8亿的经济活动人口，而且，经济活动人口的素质正在不断提高，人力资本正在较快增长，这使得企业有可能更便利地寻找到高素质的劳动力来从事更高技术含量的工作，从而推进企业和中国产业的升级，形成新的竞争优势。

其次，中国当前的宏观政策非常重视自主创新和产业升级，为新的竞争优势的形成提供了合适的制度环境。例如，"十二五"规划提出，把经济结构战略性调整作为加快转变经济发展方式的主攻方向，把科技进步和创新作为加快转变经济发展方式的重要支撑。在推进产业升级方面，中央各

部门针对各产业的情况相继密集地出台了一系列促进产业升级的政策。例如，《装备制造业调整和振兴规划（2009～2011）》提出要"通过加大技术改造投入，增强企业自主创新能力，大幅度提高基础配套件和基础工艺水平；通过加快企业兼并重组和产品更新换代，促进产业结构优化升级，全面提升产业竞争力"。在促进自主创新方面，国务院出台了《国家中长期科学和技术发展规划纲要（2006～2020）》，支持、鼓励企业成为技术创新主体，并在税收、金融、创造和保护知识产权、培养和建设人才队伍等方面配套出台了一系列的政策措施。例如，实施激励企业技术创新的财税政策，对企业技术创新活动给予企业所得税优惠①。中国进出口银行设立支持高新技术企业发展特别融资账户，通过创业风险投资，扶持中小型高新技术企业发展，增强企业自主创新能力。国家设立科技型中小企业创业投资引导基金，专项用于引导创业投资机构向初创期科技型中小企业投资。为鼓励发明创造和标准制订，知识产权部门将对个人或小企业的发明专利申请、维持等费用予以减免或给予资助，对中小企业参与行业技术标准制定发生的费用，给予一定比例的资助。可以预见，这一系列促进产业升级和企业自主创新的政策支持，将有助于引导企业通过升级和创新来形成新的竞争力。

第三节　劳动力素质结构优化成为企业升级的内在拉动力

　　劳动力结构的变化使劳动力的整体素质不断上升，劳动力的结构配比更合理，从企业内部形成了内在拉动力，为企业的升级提供了人才和技术支持。

　　在对大量企业的问卷调查中，我们发现，大多数企业已经面临招聘普通劳动者容易、技术工人供求平衡，但工程师仍然供不应求的问题。这意味着，企业所面临的劳动力供给结构已经出现了优化，从而使企业能够逐

---

① 《关于企业技术创新有关企业所得税优惠政策的通知》（财税〔2006〕88号）规定，企业研究开发新产品、新技术、新工艺所发生的技术开发费在按规定实行100%扣除的基础上，允许再按当年实际发生额的50%在企业所得税前加以扣除；允许企业用于研究开发的仪器和设备加速折旧；自2006年1月1日起，国家高新技术产业开发区内新创办的高新技术企业，自获利年度起两年内免征企业所得税，免税期满后将按15%的税率征收企业所得税。

步脱离低端无技术含量的生产环节，进入依靠使用先进技术来实现升级的通道。工程师的供不应求，一方面意味着部分企业已经处在了产业价值链的产品设计和技术研发环节，产生了利用工程师来进行技术研发和产品设计的需求；另一方面，工程师的稀缺也使得部分企业目前的升级很有可能只局限在应用已有先进技术的基础上，而无法上升到对技术的自主创新和自主研发的程度。

一、技术工人供求平衡，揭示企业已进入通过提升技术实现产业升级的通道

1. 调查基本情况

总体来看，当前企业招聘技术工人的状况是，供求基本平衡但稍偏紧，企业能招聘到技术工人，但仍存在着一定的困难。在2009年8月的调查中，有45.7%的企业认为，技术工人的供求平衡，另有44.5%的企业认为，技术工人供不应求，存在着招聘困难。在2010年8月的调查中，则有40.4%的企业认为，技术工人的供求平衡，另有54.2%的企业认为，技术工人供不应求，存在着招聘困难。在这两次的调查中，认为招聘技术工人十分容易的企业比例都很小（见表5-5）。

表5-5　　　　　　　　企业招聘技术工人的情况　　　　　　单位:%

情况	第一次调查	第三次调查
招聘困难，技术工人供不应求	44.5	54.2
招聘难度不大，技术工人供求平衡	45.7	40.4
招聘十分容易，技术工人供大于求	9.8	5.3

资料来源：笔者对调查结果的统计分析而得。

分行业来看，企业认为招聘技术工人难度较大的行业主要集中在皮革、毛皮、羽毛（绒）及其制品业，文教体育用品制造业，纺织业，工艺品及其他制造业，设备制造业，纺织服装、鞋、帽制造业，金属制品业，仪器仪表及文化、办公用机械制造业，家具制造业，橡胶制品业等行业（见表5-7）。技术工人在这些行业中供不应求，可能源于以下几种原因：①这些行业对技术工人的需求相对较大，而且这种需求在短期内增长很快。而由于技术的专用性，普通劳动者学习和掌握专用技术需要一定的期限和成本，其他行业的

技术工人放弃原技术而学习和掌握新行业技术也需要一定的期限和成本，因而短期内无法实现技术工人向该行业的转移。②这些行业给予技术工人的工资相对较低，不足以弥补工人转换技术的成本，因此无法吸引到更多的技术工人。实际原因究竟是哪一种，还需要结合其他的调研结果进行分析。

分行业来看，企业认为招聘技术工人难度不大、技术工人供求平衡的行业主要有：仪器仪表及文化、办公用机械制造业，通信设备、计算机及其他电子设备制造业，造纸及纸制品业，电力、热力、燃气、水的生产和供应业，农副食品加工业，饮料制造业，采掘业，黑色金属冶炼及压延加工业，医药制造业，非金属矿物制品业，废弃资源和废旧材料回收加工业，石油加工、炼焦及核燃料加工业，印刷业和记录媒介的复制，塑料制品业等行业（见表5-6和表5-7）。技术工人在这些行业中供求平衡，可能源于以下几种原因：①这些行业对技术工人的需求相对较小。但是，这个判断对于某些行业可能并不成立，例如，仪器仪表及文化、办公用机械制造业，医药制造业，通信设备、计算机及其他电子设备制造业等行业，应该是对技术工人需求较大的行业。②这些行业给予技术工人的工资相对较高，能够吸引到足够的技术工人。实际原因究竟是哪一种，也还需要结合其他的调研结果进行分析。

表5-6　　　　　分行业企业招聘技术工人的情况（第一次调查）　　　　单位:%

行业	招聘困难，技术工人供不应求	招聘难度不大，技术工人供求平衡	招聘十分容易，技术工人供大于求
木材加工及家具制造业	66	32	2
服装皮革羽绒及其制品业	59	38	3
纺织业	49	43	8
造纸印刷及文教用品制造业	48	43	9
电气、机械及器材制造业	48	40	12
其他制造业	44	47	10
通信设备、计算机及其他电子设备制造业	38	51	11
仪器仪表及文化、办公用机械制造业	29	58	13

注：由于小数点后数值按四舍五入取值，因而部分指标百分比加总不等于100.0%。

资料来源：笔者对调查结果的统计分析而得。

表 5 – 7　　　　　　分行业企业招聘技术工人的情况（第三次调查）　　　　单位:%

行业	招聘困难，技术工人供不应求	招聘难度不大，技术工人供求平衡	招聘十分容易，技术工人供大于求
化学纤维制造业	100	0	0
烟草制品业	100	0	0
皮革、毛皮、羽毛（绒）及其制品业	80	20	0
文教体育用品制造业	75	17	8
纺织业	72	25	3
工艺品及其他制造业	70	28	2
设备制造业	67	27	6
纺织服装、鞋、帽制造业	66	31	2
金属制品业	66	33	1
仪器仪表及文化、办公用机械制造业	65	30	4
家具制造业	63	30	7
橡胶制品业	63	31	6
食品制造业	55	38	8
有色金属冶炼及压延加工业	55	40	5
交通运输设备制造业	54	43	3
化学原料及化学制品制造业	52	40	9
其他行业	51	42	7
电气、机械及器材制造业	50	46	4
非金属矿物制品业	50	50	0
废弃资源和废旧材料回收加工业	50	50	0
木材加工及木、竹、藤、棕、草制品业	50	43	7
石油加工、炼焦及核燃料加工业	50	50	0
印刷业和记录媒介的复制	50	50	0
塑料制品业	49	49	3
通信设备、计算机及其他电子设备制造业	46	48	6

续表

行业	招聘困难,技术工人供不应求	招聘难度不大,技术工人供求平衡	招聘十分容易,技术工人供大于求
医药制造业	46	51	3
黑色金属冶炼及压延加工业	36	55	9
采掘业	33	67	0
饮料制造业	33	33	33
农副食品加工业	32	64	4
电力、热力、燃气、水的生产和供应业	28	52	20
造纸及纸制品业	20	60	20

注：由于小数点后数值按四舍五入取值，因而部分指标百分比加总不等于100.0%。
资料来源：笔者对调查结果的统计分析而得。

2. 产业内部技术升级方向的反映

对比两次调查的结果来看，有一些行业在招聘技术工人的难易程度上出现了较大变化，在较短的时期内，认为招聘技术工人有难度的企业比例上升较大。我们认为，这种在短期内出现的招聘困难，不太可能是由于技术工人的流失，更大的可能是，这些行业对技术工人的需求快速地增加了。这种增加，恰恰可以看成是这些行业越来越重视技术、开始进入产业升级通道的标志，很可能是企业开始重视在产业内部加强技术升级和产品质量的提升，这些都需要大量的技术工人作为人才支撑。

两次调查结果的对比显示（见表5-6和表5-7），招聘技术工人的难度增加较大的行业主要有仪器仪表及文化、办公用机械制造业，服装皮革羽绒及其制品业，纺织业等行业。例如，仪器仪表及文化、办公用机械制造业在2009年的调查中，有58%的企业认为，招聘技术工人难度不大，技术工人供求基本平衡，但是，在2010年8月的调查中，则有30%的企业认为招聘技术工人难度不大，而有65%的企业觉得技术工人供不应求。服装皮革羽绒及其制品业在2009年的调查中，有38%的企业认为招聘技术工人难度不大，技术工人供求基本平衡，在2010年8月的调查中，仅有20%的企业认为招聘技术工人难度不大，而有80%的企业觉得技术工人供不应求。纺织业在2009年的调查中，有43%的企业认为招聘技术工人难度不大，技术工人供求基本平衡，在 2010 年 8 月的调查中，仅有 25% 的企业认为招聘技术工人难度不大，而有 72% 的企业觉得技术工人供不应求。因此，这些行业很有可能已经开始进行产业内部和企业内部的技术升级。

另外，通信设备、计算机及其他电子设备制造业也有较小幅度的变化，认为招聘技术工人难度不大、技术工人供求平衡的企业比例从 51% 下降至 48%，认为招聘技术工人困难的企业比例从 38% 上升至 46%。由于变化幅度不算大，因而，通信设备、计算机及其他电子设备制造业是否真的已经进入了产业升级的通道，还需要进一步观察才能确定。

二、工程师供不应求预示着进一步的产业升级仍然受到制约

1. 调查基本情况

总体来看，当前企业招聘工程师的状况比招聘技术工人的状况要略微困难一些。在 2009 年 8 月第一次和 2010 年 8 月第三次的调查中，认为工程师供不应求、招聘困难的企业占该行业的比例分别为 46.5% 和 48.1%；认为工程师的供求平衡、招聘难度不大的企业占该行业的比例分别为 42.6% 和 42.9%。在这两次调查中，认为招聘工程师十分容易的企业占该行业的比例都很小（见表 5 - 8）。

第三次调查与第一次调查相比，认为招聘工程师困难的企业比例有所上升，但变化幅度较小；认为工程师供求平衡的企业比例基本保持不变；认为招聘工程师十分容易的企业比例有小幅下降。这表明，在短期内，虽然企业对工程师的需求有所增加，但是增加幅度不大。

表 5 - 8　　　　　　　　　企业招聘工程师的情况　　　　　　单位:%

情况	第一次调查	第三次调查
招聘困难，工程师供不应求	46.5	48.1
招聘难度不大，工程师供求平衡	42.6	42.9
招聘十分容易，工程师供大于求	10.8	8.9

资料来源：笔者对调查结果的统计分析而得。

分行业来看，企业认为招聘工程师难度较大的行业主要集中在采掘业，文教体育用品制造业，仪器仪表及文化、办公用机械制造业，设备制造业，橡胶制品业，交通运输设备制造业，造纸及纸制品业，金属制品业，电气、机械及器材制造业等（见表5-9和表5-10）。这些行业普遍出现工程师供不应求的情况，主要是因为，这些行业对技术和设计的要求比较高，所以对工程师的需求也比较大。其中，文教体育用品制造业，仪器仪表及文化、办公用机械制造业，设备制造业，橡胶制品业等行业同时也是招聘技术工人相对困难的行业。

表5-9　　　　分行业企业招聘工程师的情况（第一次调查）　　　单位:%

行业	招聘困难，工程师供不应求	招聘难度不大，工程师供求平衡	招聘十分容易，工程师供大于求
木材加工及家具制造业	53	42	5
电气、机械及器材制造业	50	40	10
服装皮革羽绒及其制品业	48	42	9
其他制造业	47	43	10
通信设备、计算机及其他电子设备制造业	46	41	13
造纸印刷及文教用品制造业	44	44	11
纺织业	38	51	11
仪器仪表及文化、办公用机械制造业	35	52	13

注：由于小数点后数值按四舍五入取值，因而部分指标百分比加总不等于100.0%。
资料来源：笔者对调查结果的统计分析而得。

表5-10　　　　分行业企业招聘工程师的情况（第三次调查）　　　单位:%

行业	招聘困难，工程师供不应求	招聘难度不大，工程师供求平衡	招聘十分容易，工程师供大于求
烟草制品业	100	0	0
采掘业	67	33	0
文教体育用品制造业	67	17	17
仪器仪表及文化、办公用机械制造业	65	26	9

续表

行业	招聘困难，工程师供不应求	招聘难度不大，工程师供求平衡	招聘十分容易，工程师供大于求
设备制造业	63	33	4
橡胶制品业	63	31	6
交通运输设备制造业	62	28	10
造纸及纸制品业	60	40	0
金属制品业	54	41	5
电气、机械及器材制造业	51	40	9
非金属矿物制品业	50	50	0
废弃资源和废旧材料回收加工业	50	50	0
印刷业和记录媒介的复制	50	39	11
工艺品及其他制造业	49	45	6
医药制造业	49	43	9
纺织业	47	47	6
其他行业	46	45	8
黑色金属冶炼及压延加工业	45	45	9
食品制造业	45	45	10
有色金属冶炼及压延加工业	45	45	10
家具制造业	44	41	15
通信设备、计算机及其他电子设备制造业	44	44	12
木材加工及木、竹、藤、棕、草制品业	43	43	14
纺织服装、鞋、帽制造业	42	48	10
化学原料及化学制品制造业	41	53	5
皮革、毛皮、羽毛（绒）及其制品业	40	40	20
塑料制品业	40	54	6
石油加工、炼焦及核燃料加工业	33	50	17

行业	招聘困难，工程师供不应求	招聘难度不大，工程师供求平衡	招聘十分容易，工程师供大于求
饮料制造业	33	33	33
电力、热力、燃气、水的生产和供应业	32	48	20
农副食品加工业	32	56	12
化学纤维制造业	0	100	0

注：由于小数点后数值按四舍五入取值，因而部分指标百分比加总不等于100.0%。

资料来源：笔者对调查结果的统计分析而得。

综合考虑工程师供大于求和供求平衡的情况，认为招聘工程师没有困难的企业比例较高的行业是：农副食品加工业，电力、热力、燃气、水的生产和供应业，饮料制造业，石油加工、炼焦及核燃料加工业，塑料制品业，皮革、毛皮、羽毛（绒）及其制品业，化学原料及化学制品制造业，纺织服装、鞋、帽制造业，木材加工及木、竹、藤、棕、草制品业，通信设备、计算机及其他电子设备制造业，家具制造业，有色金属冶炼及压延加工业，食品制造业，黑色金属冶炼及压延加工业等（见表5－10）。其中，农副食品加工业，塑料制品业，石油加工、炼焦及核燃料加工业等行业同时也是招聘技术工人相对容易的行业。

2. 产业升级的反映

工程师是一种相对较特殊的劳动力群体，对工程师的招聘，标志着企业对技术研发和产品设计有较高需求。因而，从对工程师的招聘状况上，我们可以推断出企业和产业升级的状况。对工程师的招聘状况，要从两方面来进行分析。

（1）部分行业的企业已经升级至产业价值链的产品设计和技术研发环节。在制造业中，有略微超过一半的企业认为，招聘工程师不存在困难（见表5－10）。认为招聘难度不大和招聘十分容易的企业在第一次和第三次调查中分别为53.4%和51.8%，其中，有8.9%的企业在招聘工程师时出现供大于求的状况。这说明，在制造业中，已经有相当比例的企业，在相对较长的一段时期内，处在了产业价值链的产品设计和技术研发环节。招聘工程师难度不大的行业，大多数都是对技术研发和产品设计要求比较高的行业。

　　首先，正是因为企业处在了产业价值链的产品设计和技术研发等中高端环节，所以才会产生对工程师的需求。如果企业仅是处在产业价值链的低端，仅承担代工或者组装加工的工作环节，就几乎不会产生对工程师的需求。

　　其次，行业有对工程师的需求，而又有较大比例的企业能够招聘到所需要的工程师，说明工程师的供给对于这些企业来说是较为充足的。这反映出该行业有较大比例的企业处在产品设计和技术研发的环节中已经有相当长的一段时间了。这是因为，工程师供给充足，是一个长期的市场调节的结果。人们发现某个行业有对工程师的需求，于是，吸引劳动力通过正规高等教育和非正规教育学习该行业所需要的专业技术知识，这些劳动力再进入实际工作中，经过一段时期的培养，才能成为工程师。这些过程不是短期内能够完成的。我们假定，劳动力通过最基本的 4 年大学教育就进入企业工作，然后再需要积累 2~3 年的工作经验，熟悉技术并提炼研究能力，加总起来最少也需要 6~7 年的时间才能成为较合格的工程师。大量合格工程师的存在，说明了该行业持续产生对工程师的需求也已经至少有 6~7 年的时间了。这同时也反映出，该行业处在产品设计和技术研发的环节中已经有相当长的时间了。

　　最后，有近一半的企业认为，招聘工程师难度不大、工程师供求平衡，这说明在制造业的竞争中，企业分化比较大。部分企业具有较大的竞争优势，能够比其他企业更有效地获得较稀缺的劳动力资源。这部分企业给予工程师的报酬相对较高，才能够让大部分工程师保留在本企业内而不流失到其他企业或行业。而这些企业能够提供比其他企业更有竞争力的报酬，说明企业的利润空间较大。这些利润空间，正是企业通过从事附加值相对较高的产品设计和技术研发环节的工作来获得的。

　　（2）部分行业的企业正从产业价值链的低端向中高端迈进。从整体来看，制造业中仍然有将近一半的企业存在着招聘工程师的困难（见表 5 - 10），这说明，制造业总体上都存在着工程师供不应求的情况，高级劳动力仍然较为稀缺。但是，对工程师的需求得不到满足，却又表明，部分行业的企业在不久之前仍然仅是处于产业价值链的低端，而现在开始逐步向产品设计和技术研发的环节挺进。从表面看，招聘工程师困难是由于行业对技术和设计的要求比较高，对工程师的需求大于已有供给，但更为深刻的原因则可能在于，这些行业正在开始从产业价值链的低端向产品设计和技术研发的环节发展。由于不久前行业还处于产业价值链的低端，因而对本行业高端技术的自主创新、设计和实现的要求还未普遍化，或者普遍化的时间还比较短，还不能吸引足够多的学生去学习相关专业和技术，因此还未产生大量的工程师。当行业开始逐步向产品设计和技术研发的环节发展时，就会产生对工程师的大量需求，需要大量的高级技术人员作为人才支撑。一方面，原有的工程师数量难以满足此需求，新的工程师又没有大批成长起来；另一方面，工程师们的技术专用性和专业局限性更强，他们在短期内也很难从其他行业转移至该行业，因此出现了招聘困难。

三、普通劳动者招聘容易，说明企业正逐步脱离 低端无技术含量的生产环节

1. 调查基本情况

总体来看，当前企业招聘普通劳动者的状况是，招聘相对容易，基本能够满足需求，但是也有部分企业存在着招聘困难，且招聘困难的趋势正在延续。在 2009 年 8 月的调查中，有 69.3% 的企业认为，招聘普通劳动者没有难度，其中，有 28.6% 的企业认为，普通劳动者还存在着供大于求的状况。另外，有 30.7% 的企业认为，即使是对普通劳动者的招聘也存在着困难。在 2010 年 8 月的调查中，有 59.0% 的企业认为，招聘普通劳动者没有难度，其中，有 21.3% 的企业认为，普通劳动者还存在着供大于求的状况。另外，有 41.0% 的企业认为，即使是对普通劳动者的招聘也存在着困难（见表 5–11）。

第三次调查与第一次调查相比，招聘普通劳动者的难度有所上升。这与当前存在的"民工荒"现象是基本吻合的。值得关注的是，认为招聘普通劳动者有困难的企业比例已经达到了相当大的程度，在 2010 年 8 月的调查中，已经达到了 41%，说明这已经成为比较普遍的现象了。

表 5–11　　　　　　　　企业招聘普通劳动者的情况　　　　　　　　单位:%

情况	第一次调查	第三次调查
招聘困难，普通劳动者供不应求	30.7	41.0
招聘难度不大，普通劳动者供求平衡	40.7	37.7
招聘十分容易，普通劳动者供大于求	28.6	21.3

资料来源：笔者对调查结果的统计分析而得。

　　分行业来看，企业认为招聘普通劳动者难度较大的行业主要集中在文教体育用品制造业，塑料制品业，纺织服装、鞋、帽制造业，食品制造业，工艺品及其他制造业，家具制造业，纺织业，印刷业和记录媒介的复制等行业（见表 5 - 12 和表 5 - 13）。普通劳动者在这些行业中供不应求，主要源于以下几种原因：这些行业都是劳动密集型行业，对普通劳动者的需求相对较大。在过去相当长的一段时期内，这些行业所支付的劳动力价格都非常低廉。当劳动力结构发生改变以后，普通劳动者不再像过去一样过剩。如果不提高普通劳动者的工资而仍然保持在原来的劳动力价格水平，就会面临招聘困难。但是，这些行业在过去主要是从事低附加值环节的生产活动；虽然在这些行业中，一部分企业已经实现了转型升级，但仍然有相当一部分企业还是主要依靠低廉的劳动力成本作为竞争手段，获得的附加值较低，利润空间有限。如果大幅提高普通劳动者的工资，就会明显地挤占利润空间，甚至使企业生产经营产生困难。因此，这部分还处在产业价值链低端的企业不愿意提高工资，也就难以避免招聘困难。

　　分行业来看，企业认为招聘普通劳动者较容易的行业主要集中在黑色金属冶炼及压延加工业，电力、热力、燃气、水的生产和供应业，石油加工、炼焦及核燃料加工业，造纸及纸制品业，采掘业，医药制造业，设备制造业，交通运输设备制造业，饮料制造业，木材加工及木、竹、藤、棕、草制品业，化学原料及化学制品制造业，仪器仪表及文化、办公用机械制造业等（见表 5 - 12 和表 5 - 13）。这些行业容易招聘到普通劳动者，主要是因为：①这些行业大多都是资本密集型行业，使用的普通劳动者相对较少，对普通劳动者的需求较小。②这些行业的利润空间较大，更容易接受劳动力价格的上涨，因此，这些行业的更高的工资也能够更容易吸引到普通劳动者。

表 5 - 12　　　　分行业企业招聘普通劳动者的情况（第一次调查）　　　　单位:%

行业	招聘困难，普通劳动者供不应求	招聘难度不大，普通劳动者供求平衡	招聘十分容易，普通劳动者供大于求
木材加工及家具制造业	47	37	15
服装皮革羽绒及其制品业	43	39	17
纺织业	43	41	16

续表

行业	招聘困难，普通劳动者供不应求	招聘难度不大，普通劳动者供求平衡	招聘十分容易，普通劳动者供大于求
通信设备、计算机及其他电子设备制造业	36	38	27
电气、机械及器材制造业	29	43	28
其他制造业	26	41	32
造纸印刷及文教用品制造业	26	41	33
仪器仪表及文化、办公用机械制造业	21	46	33
木材加工及家具制造业	31	41	29

注：由于小数点后数值按四舍五入取值，因而部分指标百分比加总不等于100.0%。

资料来源：笔者对调查结果的统计分析而得。

表 5 - 13   分行业企业招聘普通劳动者的情况（第三次调查）　　　单位:%

行业	招聘困难，普通劳动者供不应求	招聘难度不大，普通劳动者供求平衡	招聘十分容易，普通劳动者供大于求
化学纤维制造业	100	0	0
文教体育用品制造业	75	17	8
塑料制品业	69	29	3
纺织服装、鞋、帽制造业	64	27	9
食品制造业	63	25	13
工艺品及其他制造业	60	28	11
家具制造业	59	30	11
纺织业	56	38	6
印刷业和记录媒介的复制	56	28	17
废弃资源和废旧材料回收加工业	50	50	0
有色金属冶炼及压延加工业	45	30	25
农副食品加工业	44	36	20
橡胶制品业	44	44	13
金属制品业	43	45	12
通信设备、计算机及其他电子设备制造业	42	36	21
非金属矿物制品业	42	42	17
电气、机械及器材制造业	41	45	14

续表

行业	招聘困难，普通劳动者供不应求	招聘难度不大，普通劳动者供求平衡	招聘十分容易，普通劳动者供大于求
皮革、毛皮、羽毛（绒）及其制品业	40	60	0
仪器仪表及文化、办公用机械制造业	39	30	30
化学原料及化学制品制造业	38	38	24
木材加工及木、竹、藤、棕、草制品业	36	36	29
饮料制造业	33	33	33
其他行业	31	41	28
交通运输设备制造业	28	43	30
设备制造业	27	48	25
医药制造业	23	37	40
采掘业	22	44	33
造纸及纸制品业	20	20	60
石油加工、炼焦及核燃料加工业	17	50	33
电力、热力、燃气、水的生产和供应业	16	36	48
黑色金属冶炼及压延加工业	9	45	45
烟草制品业	0	100	0

注：由于小数点后数值按四舍五入取值，因而部分指标百分比加总不等于100.0%。

资料来源：笔者对调查结果的统计分析而得。

2. 产业升级的反映

普通劳动者的招聘相对容易，基本能够满足需求，这反映出企业对普通劳动者的需求相对减少，也即对无技术含量的低端生产环节的需求相对减少，意味着企业正在逐步脱离产业链中低端的无技术含量的生产环节。

在过去，许多中国企业，尤其是贸易企业主要集聚在全球价值链的低端环节，承担的是技术含量很低，甚至没有技术含量的组装加工制造工序。在这个环节上，需要的劳动力主要是普通劳动者。这部分劳动力的特点是，主要由农村外出转移劳动力组成，其受教育水平和技术水平较低，因而劳动力成本也比较低。

近年来，随着农村外出转移劳动力的逐步减少，普通劳动者的供给是相对减少的。在这种情况下，仍然有绝大部分企业认为招聘普通劳动者不存在困难，甚至有将近1/4的企业认为普通劳动者出现了供大于求，这就意味着，企业对普通劳动者的需求出现了相对减少。对普通劳动者的需求相对减少，其实质是企业在由这部分劳动力所承担的无技术含量的生产环节上的生产正在逐步减少，企业正在逐步脱离全球价值链的低端环节。

第四节　企业家认为未来竞争力的来源在于先进的生产技术和高素质的劳动力，反映了产业升级的方向

企业家对于自身企业和产业未来的发展，往往有着最敏感和较准确的判断，能够在一定程度上反映和提示未来产业升级的推动力量。因此，我们调查了1386家企业对目前和未来中国制造业竞争力主要来源的看法。企业家对于目前和未来中国制造业竞争力来源的判断的变化，往往能够反映制造业产业升级的方向。

一、制造业升级的方向：依靠先进的生产技术和高素质人才

关于目前中国制造业竞争力的主要来源，绝大部分企业家认为，主要是依靠相对低廉的劳动力成本。持该观点的企业占全部被调查企业的69.1%。相对次要的竞争力来源分别为良好的基础设施和较高的产品质量。在当前，只有很小一部分企业家认为，受过良好教育的专业人才，和较先进的生产技术是目前中国制造业竞争力的主要来源。这是符合中国当前的实际情况的。

关于未来中国制造业竞争力的主要来源，企业家的判断出现了非常大的逆转。认为较先进的生产技术，和受过良好教育的专业人才是未来中国制造业竞争力主要来源的观点被普遍接受，持这两种观点的企业分别占全部被调查企业的26.9%和26.3%。相对次要的竞争力来源则是较高的产品质量，持该观点的企业占全部被调查企业的24.8%。仅有13.9%的被调查企业认为，未来中国制造业竞争力的主要来源是相对低廉的劳动力成本

（见表 5 – 14）。

　　企业家对于目前和未来中国制造业竞争力主要来源的判断的变化，反映了制造业产业升级的方向：依靠先进的生产技术和受过良好教育的专业人才来实现产业升级。很显然，当大多数企业家都认为较先进的生产技术和受过良好教育的专业人才是未来中国制造业竞争力的主要来源时，为了企业的生存和发展壮大，企业必然会往这个方向来努力，以获得持续的竞争力。因此，企业会逐步加大对先进生产技术的重视，更加重视吸收受过良好教育的高素质劳动力并充分发挥其作用。在这个过程中，产业升级将会得到推进。

表 5 – 14　　　　企业家认为中国制造业目前和未来的竞争力主要来源　　　　单位：%

来源	目前	未来
较高的产品质量	8.7	24.8
较先进的生产技术	5.7	26.9
良好的基础设施	8.9	8.1
受过良好教育的专业人才	7.5	26.3
相对低廉的劳动力成本	69.1	13.9
合计	100	100

注：由于小数点后数值按四舍五入取值，因而部分指标百分比加总不等于 100.0%。
资料来源：笔者对调查结果的统计分析而得。

二、分行业的产业升级快慢趋势

　　分行业来看，不同行业的企业家对于目前和未来竞争力主要来源的判断存在较大差别，对比各行业的差别，我们可以推断出各行业升级趋势的快慢。

　　1. 未来产业升级较慢的行业

　　部分行业中，大部分企业家都认为，未来竞争力的主要来源在于相对低廉的劳动力成本，而不是较先进的生产技术和受过良好教育的专业人才。这样的行业，我们判断，在不远的未来，产业升级的进程将比较缓慢。可以预见，这些行业未来的生产仍然是依赖于相对低廉的，同时也是技术水平相对落后的普通劳动力，因而，这些行业的劳动生产率难以有较大提升，仍然会在一段较长的时期内处于产业价值链的低端环节。

这类行业的典型代表是石油加工、炼焦及核燃料加工业，木材加工及木、竹、藤、棕、草制品业，饮料制造业。在这三大行业中，认为未来竞争力的主要来源在于相对低廉的劳动力成本的企业占所在行业的比例都比较高，分别为50.0%、35.7%和33.3%。同时，这些行业中，认为未来竞争力的主要来源在于较先进的生产技术或受过良好教育的专业人才的企业占所在行业的比例都比较低。例如，在石油加工、炼焦及核燃料加工业，没有企业认为未来竞争力的主要来源在于较先进的生产技术或受过良好教育的专业人才；在饮料制造业中，没有企业认为未来竞争力的主要来源在于较先进的生产技术；在木材加工及木、竹、藤、棕、草制品业，仅有7.1%的企业认为未来竞争力的主要来源在于受过良好教育的专业人才，仅有14.3%的企业认为未来竞争力的主要来源在于较高的产品质量，这样的比例，在整个制造业中，是相对较低的（见表5－16）。

2. 未来产业升级较快的行业

部分行业中，大部分企业家都认为，未来竞争力的主要来源在于较先进的生产技术、受过良好教育的专业人才，以及较高的产品质量，而不仅仅是相对低廉的劳动力成本。我们判断，这样的行业未来产业升级的进程将比较快。可以预见，这些行业的生产将会从现在主要依赖于相对低廉的，同时也是技术水平相对落后的普通劳动力，转向依靠受过高等教育的、技术水平也相对较高的高素质劳动力，从而提高行业的劳动生产率，获得先进的生产技术，提高产品质量，以此来促进产业升级。

这类行业的典型代表是农副食品加工业，皮革、毛皮、羽毛（绒）及其制品业，废弃资源和废旧材料回收加工业等。例如，在农副食品加工业中，有68%的企业认为目前竞争力的主要来源是相对低廉的劳动力成本，但是，关于未来竞争力的主要来源，则没有企业再认为还可以依赖相对低廉的劳动力成本，而是转向了依靠较高的产品质量（36%）、较先进的生产技术（32%）和受过良好教育的专业人才（32%）。再以废弃资源和废旧材料回收加工业为例，该行业的全部被调查企业都认为，目前竞争力的主要来源是相对低廉的劳动力成本，但是，关于未来竞争力的主要来源，则没有企业再认为是相对低廉的劳动力成本，多数企业认为应该是较高的产品质量和较先进的生产技术（见表5－15、表5－16）。

单纯看企业对于未来行业竞争力主要来源的判断，认为未来行业竞争力主要依靠较先进的生产技术的企业占所在行业比重较高的有：采掘业（55.6%），废弃资源和废旧材料回收加工业（50%），文教体育用品制造业（41.7%），造纸及纸制品业（40%）。这些行业将会越来越重视技术的作用，可以预见，其产业升级的进程会比较快。

单纯看企业对于未来行业竞争力主要来源的判断，认为未来行业竞争力主要依靠受过良好教育的专业人才的企业占所在行业比重较高的有：非金属矿物制品业（50%），皮革、毛皮、羽毛（绒）及其制品业（40%），造纸及纸制品业（40%），烟草制品业。这些行业将会非常重视高素质劳动力的作用，可以预见，其产业升级的进程也会比较快。

单纯看企业对于未来行业竞争力主要来源的判断，认为未来行业竞争力主要来源于较高产品质量的企业占所在行业比重较高的有：废弃资源和废旧材料回收加工业（50%），仪器仪表及文化、办公用机械制造业（47.8%），家具制造业（40.7%），皮革、毛皮、羽毛（绒）及其制品业（40%）。这些行业将会越来越注重提高产品质量，可以预见，其产业升级的进程也会比较快。

表 5-15　　　　企业家认为目前中国制造业竞争力的主要来源　　　　单位:%

行业	较高的产品质量	较先进的生产技术	良好的基础设施	受过良好教育的专业人才	相对低廉的劳动力成本	行业内合计
采掘业	11.1	0.0	11.1	11.1	66.7	100
电力、热力、燃气、水的生产和供应业	16.0	8.0	12.0	20.0	44.0	100
电气、机械及器材制造业	7.5	5.0	10.0	8.8	68.8	100
纺织服装、鞋、帽制造业	7.9	5.6	12.4	3.4	70.8	100
纺织业	6.3	6.3	12.5	3.1	71.9	100
非金属矿物制品业	16.7	0.0	8.3	0.0	75.0	100
废弃资源和废旧材料回收加工业	0.0	0.0	0.0	0.0	100.0	100
工艺品及其他制造业	11.3	9.4	3.8	5.7	69.8	100
黑色金属冶炼及压延加工业	18.2	0.0	0.0	18.2	63.6	100

续表

行业	较高的产品质量	较先进的生产技术	良好的基础设施	受过良好教育的专业人才	相对低廉的劳动力成本	行业内合计
化学纤维制造业	0.0	0.0	0.0	0.0	100.0	100
化学原料及化学制品制造业	10.3	8.6	6.9	10.3	63.8	100
家具制造业	3.7	7.4	7.4	3.7	77.8	100
交通运输设备制造业	4.9	3.3	6.6	8.2	77.0	100
金属制品业	12.0	4.8	6.0	8.4	68.7	100
木材加工及木、竹、藤、棕、草制品业	21.4	0.0	0.0	0.0	78.6	100
农副食品加工业	12.0	8.0	12.0	0.0	68.0	100
皮革、毛皮、羽毛（绒）及其制品业	20.0	10.0	20.0	0.0	50.0	100
其他行业	7.5	5.8	13.6	8.5	64.7	100
设备制造业	6.0	7.1	10.7	6.0	70.2	100
石油加工、炼焦及核燃料加工业	33.3	16.7	0.0	0.0	50.0	100
食品制造业	10.0	7.5	7.5	10.0	65.0	100
塑料制品业	5.7	14.3	2.9	5.7	71.4	100
通信设备、计算机及其他电子设备制造业	8.5	3.5	7.0	10.9	70.1	100
文教体育用品制造业	16.7	8.3	0.0	8.3	66.7	100
橡胶制品业	0.0	0.0	6.3	6.3	87.5	100
烟草制品业	0.0	0.0	0.0	0.0	100.0	100
医药制造业	5.7	5.7	5.7	2.9	80.0	100
仪器仪表及文化、办公用机械制造业	17.4	4.3	8.7	0.0	69.6	100
饮料制造业	0.0	0.0	0.0	33.3	66.7	100
印刷业和记录媒介的复制	5.6	5.6	11.1	5.6	72.2	100

续表

行业	较高的产品质量	较先进的生产技术	良好的基础设施	受过良好教育的专业人才	相对低廉的劳动力成本	行业内合计
有色金属冶炼及压延加工业	5.0	0.0	0.0	0.0	95.0	100
造纸及纸制品业	20.0	20.0	0.0	0.0	60.0	100
全部行业合计	8.7	5.7	8.9	7.5	69.1	100

注：由于小数点后数值按四舍五入取值，因而部分指标百分比加总不等于100.0%。

资料来源：笔者对调查结果的统计分析而得。

表 5-16　　企业家认为未来中国制造业竞争力的主要来源　　　单位:%

行业	较高的产品质量	较先进的生产技术	良好的基础设施	受过良好教育的专业人才	相对低廉的劳动力成本	行业内合计
采掘业	11.1	55.6	0.0	33.3	0.0	100
电力、热力、燃气、水的生产和供应业	12.0	36.0	8.0	36.0	8.0	100
电气、机械及器材制造业	13.8	33.8	12.5	31.3	8.8	100
纺织服装、鞋、帽制造业	27.0	25.8	7.9	19.1	20.2	100
纺织业	18.8	21.9	9.4	37.5	12.5	100
非金属矿物制品业	25.0	16.7	0.0	50.0	8.3	100
废弃资源和废旧材料回收加工业	50.0	50.0	0.0	0.0	0.0	100
工艺品及其他制造业	22.6	34.0	7.5	20.8	15.1	100
黑色金属冶炼及压延加工业	36.4	18.2	0.0	27.3	18.2	100
化学纤维制造业	0.0	0.0	100.0	0.0	0.0	100
化学原料及化学制品制造业	27.6	29.3	6.9	20.7	15.5	100
家具制造业	40.7	29.6	0.0	22.2	7.4	100
交通运输设备制造业	32.8	18.0	6.6	31.1	11.5	100

续表

行业	较高的产品质量	较先进的生产技术	良好的基础设施	受过良好教育的专业人才	相对低廉的劳动力成本	行业内合计
金属制品业	34.9	24.1	7.2	21.7	12.0	100
木材加工及木、竹、藤、棕、草制品业	14.3	35.7	7.1	7.1	35.7	100
农副食品加工业	36.0	32.0	0.0	32.0	0.0	100
皮革、毛皮、羽毛（绒）及其制品业	40.0	10.0	10.0	40.0	0.0	100
其他行业	23.7	26.8	7.8	25.8	15.9	100
设备制造业	25.0	23.8	11.9	31.0	8.3	100
石油加工、炼焦及核燃料加工业	33.3	0.0	16.7	0.0	50.0	100
食品制造业	22.5	22.5	10.0	25.0	20.0	100
塑料制品业	25.7	37.1	8.6	14.3	14.3	100
通信设备、计算机及其他电子设备制造业	21.9	25.9	9.5	28.9	13.9	100
文教体育用品制造业	8.3	41.7	8.3	16.7	25.0	100
橡胶制品业	25.0	25.0	6.3	31.3	12.5	100
烟草制品业	0.0	0.0	0.0	100.0	0.0	100
医药制造业	20.0	25.7	11.4	22.9	20.0	100
仪器仪表及文化、办公用机械制造业	47.8	21.7	0.0	26.1	4.3	100
饮料制造业	33.3	0.0	0.0	33.3	33.3	100
印刷业和记录媒介的复制	16.7	33.3	5.6	27.8	16.7	100
有色金属冶炼及压延加工业	25.0	25.0	10.0	25.0	15.0	100
造纸及纸制品业	20.0	40.0	0.0	40.0	0.0	100
全部行业合计	24.8	26.9	8.1	26.3	13.9	100

注：由于小数点后数值按四舍五入取值，因而部分指标百分比加总不等于100.0%。

资料来源：笔者对调查结果的统计分析而得。

第五节 案例分析：华为公司与沁新集团

为了更深入地分析劳动力素质对企业升级的影响，在对各行业进行问卷调查分析的基础上，本书还选择了华为公司和沁新集团两个典型企业进行深入的案例分析。我们发现，华为公司的快速升级主要得益于其拥有的大量技术人才。沁新集团在进行多样化经营、延长产业链的过程中，主要得益于管理人才的推动，但是，沁新集团在升级过程中遇到的最大障碍，则在于技术人才的缺乏。

一、华为公司：大量技术人才对产业升级的推动

华为公司是中国民营企业中顺利实现产业升级并持续保持竞争优势的一个成功案例。在华为公司成功升级的过程中，大量技术人才发挥了举足轻重的作用。

1. 华为公司的产业升级状况

华为技术有限公司（以下简称"华为公司"）是一家生产销售电信设备的员工持股的民营科技公司，于1987年成立于中国深圳，其主要营业范围是交换，传输，无线和数据通信类电信产品，在电信领域为世界各地的客户提供网络设备、服务和解决方案。

（1）企业升级历程。华为公司是中国民营企业中快速实现产业升级并持续保持竞争优势的一个成功案例。在华为公司刚刚创立的时候，其主要的业务是代理中国香港一家企业的模拟交换机；彼时的华为，既没有自主产品，也没有自主品牌和技术，其所得的利润十分微薄。但很快华为公司便认识到了掌握核心技术、开发自主品牌、进行产业升级的重要性；华为公司从1990年开始踏上了自主研发的道路，通过对小型交换机技术的逐个局部突破，逐渐取得了技术上的领先地位，从而给企业带来了更高的利润。自此，华为公司进行产业升级的步伐就再也没有停止，而且以更快的速度向前推进，通过对通信设备技术不断的升级换代，由产品向技术，进而向服务等环节不断推进，华为公司实现了以先进技术带动的过程升级、产品升级和功能升级。

目前,华为公司已经成为全球领先的电信解决方案供应商,在电信网络、全球服务和终端三大领域都确立了端到端的领先地位。

(2) 一直坚持自主研发。华为公司很早就开始了自主研发的历程。在创业之后的第三年,华为公司便开始自主研发面向酒店与小企业的 PBX 技术并进行商用;1992 年,华为公司开始研发并推出农村数字交换解决方案;1997 年华为公司推出无线 GSM 解决方案。2006 年,华为公司与摩托罗拉合作在上海成立联合研发中心,开发 UMTS 技术。2007 年,华为公司与赛门铁克合作成立合资公司,开发存储和安全产品与解决方案;同年,华为公司与 Global Marine 合作成立合资公司,提供海缆端到端网络解决方案。2008 年,华为公司全年共递交 1737 件 PCT 专利申请,据世界知识产权组织统计,在 2008 年专利申请公司(人)排名榜上华为公司排名第一,华为公司的 LTE 专利数占全球 LTE 专利总数的 10% 以上。2009 年,华为公司率先发布从路由器到传输系统的端到端 100G 解决方案。

(3) 以先进的技术水平积极融入国际标准。华为公司以其自身先进的技术水平,积极融入主流国际标准,并为支持主流国际标准做出了积极贡献。截至 2010 年底,华为公司加入全球 123 个行业标准组织,如 3GPP、IETF、ITU、OMA、NGMN、ETSI、IEEE 和 3GPP2 等,并向这些标准组织提交提案累计超过 23000 件。华为公司担任 OMA、CCSA、ETSI、ATIS 和 WiMAX 论坛等权威组织的董事会成员,在任 180 多个职位。华为公司累计向 3GPP 提交超过 6400 篇 LTE/EPC 提案,2010 年华为公司在该组织通过的 LTE 无线通信核心标准方面的提案数,占全球通过提案总数的近 20%。

2. 技术人才对企业升级和发展的推动

华为公司成功实现产业升级和企业快速发展的关键因素,在于华为公司十分重视技术人员的作用,通过充分利用高素质劳动力来不断提升企业的技术地位,为企业创造出更多的价值。

华为公司的产业升级,获益于华为公司对技术研发的重视。这种重视,一方面,体现在华为公司长期大量的研发投入上。华为公司的研发投入占销售额收入的比重,几乎每年均超过 10%,而且研发投入还在持续增长。2010 年,华为公司的年度研发费用达到人民币 165.56 亿元,同比增加 24.1%。长期的研发投入,为保持持续的竞争优势奠定了资本基础。另一方面,也是更重要的,则体现在华为公司对高技术水平劳动力的大量有效利用。目前,华为公司有 51000 多名员工进行产品与解决方案的研究开发,研发人员占公司总人数的46%。研发人员占如此高的比例，在中国的企业里是很少见的，即便是在外国企业中也十分罕见。华为公司将认真负责的员工视为企业最大的财富，在公司的发展过程中，不仅保留了大量的中国的优秀人才，而且还吸引了许多外国的优秀科研人员。另外，华为公司还与领先运营商成立20多个联合创新中心，并在美国、德国、瑞典、俄罗斯、印度及中国等地设立了20个研究所。

庞大的研究队伍是华为公司具有强大创新能力的人才基础，也是华为公司核心竞争力的主要来源。虽然华为公司的研发投入比不上思科等大型跨国公司，但是，华为公司在技术研发上的成果并不弱于思科，根据世界知识产权组织的统计，2008年，华为公司递交的PCT专利申请在专利申请公司（人）排名榜上排名第一。这就更明显地体现出，华为公司的技术创新主要依靠的是有效利用大量优质而低成本的受过高等教育的劳动力，而不是资本投入。

二、沁新集团：技术人才缺乏对产业升级的制约

通过对山西沁新能源集团股份有限公司（以下简称"沁新集团"）的调研，我们发现，技术人才的缺乏是企业进行升级，尤其是通过技术进步等方式进行产品升级和产业链升级的最大制约。

1. 沁新集团的基本情况

（1）概况。山西沁新能源集团股份有限公司总部位于山西省沁源县李元镇，集团拥有煤、焦、电、化、材、机械、物流及农林产业开发八类产业，李元、沁北两个循环经济工业园区，由下属24个企业组成。集团注册资本2.24亿元，资产总额68.81亿元，员工7800余人，是长治市最大的优质主焦煤生产和加工转化基地。集团在山西省工业企业30强中位列第30位，在山西省百强民营企业中位列第4位，在山西省企业100强和制造业100强中分别位列第23位和第16位，在全国煤炭企业100强中位列第55位，在全国规模以上民营企业500强中位列第353位。集团是山西全省30户循环经济试点单位之一，全省煤炭综合利用科技创新十佳企业之一。集团是"长治市功勋企业"、"全省创业就业贡献奖"、"山西慈善突出贡献单位（企业）奖"荣获单位，荣登"山西省第二届百家信用示范企业推荐榜"。集团荣获"全国厂务公开民主管理先进单位"、"国际低碳企业奖"，

并被中国企业联合会、中国企业家协会评选为全国"最具影响力企业"。集团是"全国模范职工之家"，国家级"守合同重信用"单位，"全国就业与社会保障先进民营企业"。

（2）主要产品及生产能力。沁新集团的主要产品是煤、焦、电、棕刚玉等煤炭相关产品，其中，李元生产园区年生产优质主焦煤能力达 360 万吨，洗煤能力达 400 万吨，发电装机容量 69 兆瓦，年生产焦炭 100 万吨、刚玉及磨料 6 万吨、建材标砖 2.5 亿块、电石 4 万吨。沁北生产园区年生产优质主焦煤能力达 600 万吨，洗煤能力达 300 万吨。

2010 年，沁新集团全年完成原煤产量 279.27 万吨，洗精煤产量 157.52 万吨，发电量 21369.81 万度，焦炭产量 76.22 万吨，刚玉产量 2.59 万吨，电石产量 1.56 万吨，完成销售收入 27.92 亿元，上缴税金 4.53 亿元，上缴规费 1.32 亿元，上缴煤炭资源价款 3.97 亿元，合计上缴税费 9.82 亿元。

（3）产业链的延伸。近年来，沁新集团通过"依托煤、延伸煤、超越煤"的发展战略，调整产业结构，延伸产业链条，优化产业升级，发展循环经济，其主导产业已形成四条循环经济产业模式，即：①煤—洗精煤—煤矸石发电—刚玉冶炼磨料加工及粉煤灰建材的煤电材产业链；②煤—洗精煤—焦化—余热发电—电石化工的煤焦化产业链；③生态治理和旅游开发；④节能减排、热电联产项目，即煤—洗精煤—焦化—余热发电—李元、县城集中供热。

2. 经营管理人才对企业发展的促进

沁新集团的快速发展阶段，始于 20 世纪 90 年代末。1996 年是公司发展史上的"分水岭"。当年，原任沁源县煤管局副局长的孙宏原，被聘当选为公司总经理，并继而当选公司的董事长和党总支书记。企业高级管理者的更换，对于沁新的发展影响十分重大，促使公司经历了以下几个大事变革，终于逐渐形成目前的发展模式和格局：

（1）兼并了一系列小型工厂和企业。1996 年，公司成功整体兼并原沁源县农修厂，敲响了企业改革发展的第一锤。1997 年，公司兼并沁源县轻机厂。2000 年，公司兼并李元煤矿。2001 年，公司正式兼并濒临倒闭的沁源发电厂。2002 年，公司成功兼并虎峪煤矿和七一煤矿并整合设立为新力煤矿。2003 年，吸收东坡煤矿、东沟煤矿、下城艾煤矿、西沟煤矿、古联煤矿、王陶东沟煤矿到公司旗下，公司煤矿数量达到 10 座。同年，公司还对裕源牧工商有限公司进行了整体收购。

（2）扩建矿井，进行技术改造，提升生产能力和技术水平。1996年，公司对沁新煤矿45万吨矿井开始实施"四通一平"改扩建工程，并于2000年竣工投产。这一工程被誉为公司"生命工程"，极大地提升了公司的生产能力和技术水平，成为公司发展史上的一个里程碑。

2003年，公司再次对新源煤矿实施45万吨技改扩建工程，其下属的选煤厂也开始进行180万吨扩能技改，净增原煤入洗能力120万吨。2004年，公司又开始对沁新煤矿、新源煤矿实施120万吨技术改造。同年10月2日，新源煤矿120万吨技改扩建项目中的最大工程——技改扩建米巷道全线贯通。2004年8月底，选煤厂二期改扩建双系统正式投产，原煤入洗能力达到240万吨。这些技术改造工程，极大地提升了沁新集团的生产能力和技术水平。

（3）延伸产业链。随着公司的快速发展，企业高级管理者制定了新的发展思路：依托煤、延伸煤、超越煤。根据这一思路，沁新开始不断地扩展产业链的新环节，甚至向着非煤产业延伸。2001年，公司通过兼并沁源发电厂，开始将产业链延伸至非煤产业。2002年，公司组建成立了新型环保建材公司和同创电石厂。2003年，公司先后成立余热发电项目筹建领导组和焦化厂筹建办公室，拉开了项目设计、设备选型、施工安装等一系列筹建工作的序幕，标志着公司"煤—焦化—余热发电"、"煤—洗精煤—矸石发电—粉煤灰建材"两条主导产业链初具雏形。

可见，企业的管理者对于企业的发展十分重要；在获得了自主经营、自负盈亏的体制环境后，企业家往往将自身利益与企业利益紧密地结合在一起。一个高瞻远瞩的企业家，往往能够准确定位企业的发展方向，愿意并且有胆识在扩大企业规模、提高企业的技术水平等关键环节上进行投入，并能够在发展循环经济、保护生态环境、坚持安全发展、实现可持续发展、建立企业与社会的和谐等方面有所作为。

3. 技术人才对企业升级的制约及企业的应对之策

（1）技术型劳动力的稀缺。在调研中我们了解到，沁新集团当前发展的最大障碍，是高素质劳动力，尤其是以工程师和高级技术工人为代表的技术人才特别缺乏。在技术人才中，工程师又尤为稀缺。这是因为，沁新集团在延伸产业链的过程中，更需要的是对特定的、具体的生产流程以及工艺流程环节的设计，这些环节的设计主要是依靠工程师来完成的。当生产线上的主要工艺流程都已经确定下来以后，只需要对技术工人进行培训即可进行生产，因此，相对来说，对技术工人的要求并不是很高。

沁新集团对技术人才是非常重视的，为技术人才提供的物质条件和相关待遇都非常好。以大中专毕业生为例，大学本科毕业的劳动力，除了可以获得工资等薪酬外，还将获得每月 1500 元的学历津贴；大学专科毕业的劳动力的学历津贴为每月 800 元。这从当地的平均收入水平来看，也是比较高的。

然而，相对较高的收入并不能吸引到足够多的技术人才。沁新集团每年能够招聘到的大中专毕业生约有 100 人，但是，企业招聘到了大学毕业生，往往也很难将其长期留下来。技术人才流失的情况比较严重。

（2）技术型劳动力稀缺的原因。技术人才缺乏的原因，主要是由于沁新集团位于山西省沁源县李元镇，所处的地理位置为山区且相对偏僻，与外界的交通并不是特别方便，因而，许多技术人才都不愿意到沁新集团来工作。

另外一个原因，则在于企业现在的产业链发展得不是很成熟，很多环节上都没有成熟的技术，因此难以吸引到较多人才。一方面是由于这些环节的技术攻关难度较大，出成果和完善技术的难度较大，成功的概率较小；另一方面，成熟技术的缺乏使得学校也很难培养出大量已经能掌握相关技术的普通技术工人，技术型劳动力供给较小也导致了企业难以获得相应的人才。

（3）企业的应对之策。实际上，技术人才对于沁新集团的发展是十分重要的。例如，沁新集团正在建设新的精密铸造项目，欲与国际汽车生产商合作，生产与汽车相关的配件。目前，集团已经上了两条生产线，但是产量都不大。一个重要的制约性因素就是技术人才的缺乏，使得生产线无法全面应用和开工，而集团只能将主要精力放在人员的培养上。

在未来，随着沁新集团不断地延伸产业链，当生产越来越超出以煤炭资源为主的生产业务范围时，技术在生产中的作用就更加重要。

沁新集团也认识到了这一点，并于 2006 年建立了集团企业技术中心，该中心的主要任务是根据企业的发展战略和整体规划，从事重大关键技术的开发项目，为企业提供技术储备支持。具体来说，技术中心负责集团主导产品煤、焦、电、棕刚玉等产品的研发和升级换代工作；负责对集团发展新项目、新产业、新产品以及重点基建工程，在技术领域方面提供前期调研和论证等工作；负责集团大型技术改造项目的论证和设计；负责各企业生产工艺的重大技术攻关和技术改进工作；负责参与同类型、同行业企业的技术交流与合作，联合开展战略性研究开发，推动集团产业技术的升级换代；负责建立国内同行业专家、技术人员目录库，搞好专家联络工作，每月聘请专家、技术人员对集团各企业进行生产工艺、产品质量、管理机制等方面的指导，形成与专家、技术人员长期密切、共赢发展的协作关系；负责集团内部优秀技术人才的培训工作，为集团培养高素质的技术人才和管理人才；负责集团产品质量评价和指导、完善，帮助制定质量管理的措施和制度，保证质量管理体系的有效运行，确保集团产品质量和经济效益的稳步提高；负责搞好其他一系列与技术管理和研发有关的活动。

但是，集团企业技术中心的成立，远未能解决技术人才对企业发展的制约问题。因此，企业目前只能依靠自己培养人才的方式来解决问题。其主要的做法是，企业与学校联合培养技术型人才。沁新集团每年从当地的高考落榜生中挑选出八九十名高中毕业生，会同长治职业学校等高校对他们进行联合培养。由沁新集团提供培养学生所需的学费和生活费，并且沁新集团还从内部派出班主任，负责对培养的学生进行管理和指导。学生毕业后，直接进入沁新集团，从事技术工作。根据调研的情况，由于这些学生都是山西省甚至长治市本地的生源，比较适应当地的生活，而且对于高考落榜学生而言，在沁新集团工作也是一个较有发展前景的选择，因而，绝大部分联合培养的毕业生都安心留在了沁新集团，并做出了一定的贡献。但是，这种与技术学校联合培养人才的方式，虽然有利于增加企业的技术工人，但在短、中期内仍然无法解决工程师等高级技术人才缺乏的困难。企业还需要进一步开拓新的方式来解决技术人才的"瓶颈"制约问题。

4. 总结

综上分析可见，劳动力的素质水平和劳动力素质结构，对于企业升级和产业升级而言，影响十分重大。高素质劳动力对于企业升级的影响，有两个关键环节，或者说是两步关键的跳跃。只有在这两个环节都获得了与之相适应的人才，企业才能实现升级的飞跃；在任何一个环节出现的人才缺口，都将制约企业升级实现的速度。

第一个关键环节，是企业决定是否要进行升级，以及企业应以什么样的思路和方向进行升级和发展。在这个环节上，企业最需要的高素质人才，就是经验丰富、有魄力、能够高瞻远瞩的企业管理者。也就是说，优秀的企业家，能够决定企业是否需要进行升级、在什么时候升级，以及以何种方式（如兼并其他企业、引进新技术等）进行升级。这是企业进行升级的最初始环节，只有迈开了这一步，企业升级才可能真正开始。如果无人拍板，那么企业便很有可能沿着原有的路径行进，或者是继续缓慢发展，或者是在遇到重大挑战和危机时被灭亡。

从沁新集团的案例来看，沁新集团在进行企业升级时，走的是过程升级、产品升级、功能升级和产业链升级四种升级类型相结合的道路。即通过引进更先进的技术、转向生产更加精密和尖端的产品、增加新的功能如营销等，以及从原来的产业延伸至新的产业，实现产业多元化等方式来实现企业升级。而这些重大决策，都是在企业董事长的领导下进行的。

第二个关键环节，是企业在决定了要进行升级以及升级的大方向后，还必须考虑更加具体的、实现升级的方法。例如，如果是以引进新技术来进行升级，则必须考虑应该引进何种技术，引进的技术又如何消化和吸收，甚至加以创新。在这个环节中，技术的选择和决定、工艺流程的设计，对于升级的成功与否十分关键。而这个环节能否成功，又主要取决于企业所拥有的技术型人才。当企业拥有足够多的以工程师、高级技术工人为代表的高技术型劳动力时，就比较容易吸收新技术和再进行创新，靠技术进步来推进的升级就比较容易实现。当企业需要的技术型人才缺乏时，升级的进程就会相对较缓慢。因此，企业是否能够获得足够的技术型人才，是企业成功实现升级的第二个关键环节。

这两个环节，对于企业实现升级来说，都是必不可少的。同样，以管理型人才和技术型劳动力为代表的高素质劳动力，对于企业升级和发展都至关重要。不过，沁新集团当前所面临的情况，与我们多次问卷调查所得到的分析结果较为相似，即当前以工程师、高级技术工人为代表的高技术型劳动力，比以企业家为代表的管理型人才更加稀缺。

第六章　中国产业升级与劳动力素质的匹配性分析

第一节　中国的产业升级状况

从中国的经济发展过程来看，产业升级已经在进行。但是，当前中国的产业结构，无论是从自身的劳动生产率来看，还是通过国际比较来看，仍然是比较落后的。

一、中国产业升级已经在进行

新中国成立以来，中国的产业结构发生了巨大变化，无论是从增加值的产业结构来看，还是从劳动力就业的产业分布结构来看，都存在着产业升级的趋势。

1. 增加值的产业结构

从各产业的增加值占 GDP（国内生产总值）的比重来看，改革开放以来，中国的产业结构开始不断优化，工业发展迅速，第二产业所占比重上升很快，开始逐步超过第一产业所占比重。1970 年，第二产业增加值占 GDP 的比重为 40.3%，高于第一产业所占比重（35.4%），其中，工业增加值占 GDP 的比重为 36.6%，也高于第一产业所占比重。随后，工业发展的步伐一直未停缓，第二产业所占比重持续保持在高位。2008 年，第二产业增加值占 GDP 的比重为 48.6%，工业增加值占 GDP 的比重为 42.9%。

20 世纪 80 年代末，第三产业开始得到突飞猛进的发展。1985 年，第三产业增加值占 GDP 的比重达到 28.7%，超过了第一产业所占比重（28.4%）。此后，第三产业发展迅速，其所占比重大幅提高，2008 年，第三产业增加值占 GDP 的比重为 40.1%（见图 6 – 1 和表 6 – 1）。

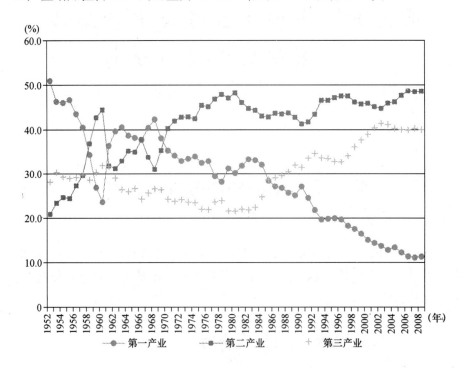

图 6 – 1 中国三大产业增加值占 GDP 的比重

资料来源：历年《中国统计年鉴》。

表 6 – 1　　中国三大产业增加值占 GDP 的比重（按当年价格计算）　　单位：%

年份	第一产业	第二产业	工业	第三产业
1952	51.0	20.9	17.6	28.2
1953	46.3	23.4	19.8	30.4
1954	46.0	24.6	21.5	29.3
1955	46.6	24.4	21.0	29.0
1956	43.5	27.3	21.8	29.2
1957	40.6	29.6	25.3	29.8
1958	34.4	37.0	31.7	28.7

续表

年份	第一产业	第二产业	工业	第三产业
1959	26.9	42.7	37.4	30.4
1960	23.6	44.5	39.0	31.9
1961	36.5	31.9	29.7	31.7
1962	39.7	31.2	28.3	29.1
1963	40.6	33.0	29.6	26.4
1964	38.7	35.3	31.7	26.0
1965	38.3	35.1	31.8	26.7
1966	37.8	37.9	34.6	24.3
1967	40.5	33.9	30.6	25.7
1968	42.4	31.1	28.3	26.6
1969	38.2	35.4	32.2	26.4
1970	35.4	40.3	36.6	24.3
1971	34.2	42.0	38.0	23.8
1972	33.0	42.8	39.1	24.2
1973	33.5	42.9	39.2	23.6
1974	34.0	42.5	38.6	23.5
1975	32.5	45.5	41.3	22.0
1976	32.9	45.2	40.7	21.9
1977	29.5	46.9	42.6	23.6
1978	28.2	47.9	44.1	23.9
1979	31.3	47.1	43.6	21.6
1980	30.2	48.2	43.9	21.6
1981	31.9	46.1	41.9	22.0
1982	33.4	44.8	40.6	21.8
1983	33.2	44.4	39.8	22.4
1984	32.1	43.1	38.7	24.8
1985	28.4	42.9	38.3	28.7
1986	27.1	43.7	38.6	29.1
1987	26.8	43.6	38.0	29.6
1988	25.7	43.8	38.4	30.5

年份	第一产业	第二产业	工业	第三产业
1989	25.1	42.8	38.2	32.1
1990	27.1	41.3	36.7	31.5
1991	24.5	41.8	37.1	33.7
1992	21.8	43.5	38.2	34.8
1993	19.7	46.6	40.2	33.7
1994	19.9	46.6	40.4	33.6
1995	20.0	47.2	41.0	32.9
1996	19.7	47.5	41.4	32.8
1997	18.3	47.5	41.7	34.2
1998	17.6	46.2	40.3	36.2
1999	16.5	45.8	40.0	37.8
2000	15.1	45.9	40.4	39.0
2001	14.4	45.2	39.7	40.5
2002	13.7	44.8	39.4	41.5
2003	12.8	46.0	40.5	41.2
2004	13.4	46.2	40.8	40.4
2005	12.2	47.7	42.2	40.1
2006	11.3	48.7	43.1	40.0
2007	11.1	48.5	43.0	40.4
2008	11.3	48.6	42.9	40.1
2009	10.3	46.3	39.7	43.4

资料来源：历年《中国统计年鉴》。

2. 劳动力就业的产业分布结构

当前，中国的就业人口主要集中在第一产业，其次为第三产业，第二产业的劳动力占全国就业总人数的比重略低于第三产业（见图 6 - 2 和表 6 - 2)。

从劳动力就业的产业分布结构来看，第一产业的劳动力所占比重从 1952 年的 83.5% 快速下降至 2009 年的 38.1%。第二产业的劳动力所占比重从 1952 年的 7.4%，逐步提高至 2009 年的 27.8%。第三产业的劳动力所占比重，从 1952 年的 9.1%，逐步提高至 2009 年的 34.1%。从 1994 年开始，第三产业的劳动力所占比重超过了第二产业，此后，第二产业和第三产业的劳动力所占比重差距逐步拉大。

从劳动力就业的产业分布结构来看，中国的产业结构还比较落后。目前，中国的劳动力主要集中在第一产业，尤其是农业。虽然第一产业的劳动所占比重在持续下降，但是，其比重仍然是三大产业中最高的。直到 2009 年，第一产业的就业人员仍然多达 2.97 亿人，远远高于第二产业的 2.17 亿人和第三产业的 2.66 亿人，第一产业的劳动力所占比重分别比第二产业和第三产业的劳动力所占比重高出 10.3 个和 4.0 个百分点。

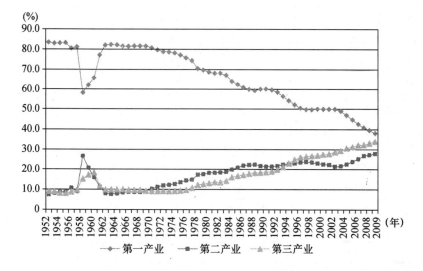

图 6 - 2　中国三大产业的劳动力占全国就业总人数的比重（1952～2009 年）

资料来源：历年《中国统计年鉴》。

表 6 - 2　　　　　　　　　中国三大产业劳动力就业情况

年份	就业人数（万人）			各产业就业人数占全国就业总人数的比重（%）		
	第一产业	第二产业	第三产业	第一产业	第二产业	第三产业
1952	17317	1531	1881	83.5	7.4	9.1
1953	17747	1715	1902	83.1	8.0	8.9
1954	18151	1882	1799	83.1	8.6	8.2
1955	18592	1913	1823	83.3	8.6	8.2

续表

年份	就业人数（万人）			各产业就业人数占全国就业总人数的比重（%）		
	第一产业	第二产业	第三产业	第一产业	第二产业	第三产业
1956	18544	2468	2006	80.6	10.7	8.7
1957	19309	2142	2320	81.2	9.0	9.8
1958	15490	7076	4034	58.2	26.6	15.2
1959	16271	5402	4500	62.2	20.6	17.2
1960	17016	4112	4752	65.7	15.9	18.4
1961	19747	2856	2987	77.2	11.2	11.7
1962	21276	2059	2575	82.1	7.9	9.9
1963	21966	2038	2636	82.5	7.7	9.9
1964	22801	2183	2752	82.2	7.9	9.9
1965	23396	2408	2866	81.6	8.4	10.0
1966	24297	2600	2908	81.5	8.7	9.8
1967	25165	2661	2988	81.7	8.6	9.7
1968	26063	2743	3109	81.7	8.6	9.7
1969	27117	3030	3078	81.6	9.1	9.3
1970	27811	3518	3103	80.8	10.2	9.0
1971	28397	3990	3233	79.7	11.2	9.1
1972	28283	4276	3295	78.9	11.9	9.2
1973	28857	4492	3303	78.7	12.3	9.0
1974	29218	4712	3439	78.2	12.6	9.2
1975	29456	5152	3560	77.2	13.5	9.3
1976	29443	5611	3780	75.8	14.4	9.7
1977	29340	5831	4206	74.5	14.8	10.7
1978	28318	6945	4890	70.5	17.3	12.2
1979	28634	7214	5177	69.8	17.6	12.6
1980	29122	7707	5532	68.7	18.2	13.1
1981	29777	8003	5945	68.1	18.3	13.6
1982	30859	8346	6090	68.1	18.4	13.4
1983	31151	8679	6606	67.1	18.7	14.2
1984	30868	9590	7739	64.0	19.9	16.1

续表

年份	就业人数（万人）			各产业就业人数占全国就业总人数的比重（%）		
	第一产业	第二产业	第三产业	第一产业	第二产业	第三产业
1985	31130	10384	8359	62.4	20.8	16.8
1986	31254	11216	8811	60.9	21.9	17.2
1987	31663	11726	9395	60.0	22.2	17.8
1988	32249	12152	9933	59.4	22.4	18.3
1989	33225	11976	10129	60.0	21.6	18.3
1990	38914	13856	11979	60.1	21.4	18.5
1991	39098	14015	12378	59.7	21.4	18.9
1992	38699	14355	13098	58.5	21.7	19.8
1993	37680	14965	14163	56.4	22.4	21.2
1994	36628	15312	15515	54.3	22.7	23.0
1995	35530	15655	16880	52.2	23.0	24.8
1996	34820	16203	17927	50.5	23.5	26.0
1997	34840	16547	18432	49.9	23.7	26.4
1998	35177	16600	18860	49.8	23.5	26.7
1999	35768	16421	19205	50.1	23.0	26.9
2000	36043	16219	19823	50.0	22.5	27.5
2001	36513	16284	20228	50.0	22.3	27.7
2002	36870	15780	21090	50.0	21.4	28.6
2003	36546	16077	21809	49.1	21.6	29.3
2004	35269	16920	23011	46.9	22.5	30.6
2005	33970	18084	23771	44.8	23.8	31.3
2006	32561	19225	24614	42.6	25.2	32.2
2007	31444	20629	24917	40.8	26.8	32.4
2008	30654	21109	25717	39.6	27.2	33.2
2009	29708	21684	26603	38.1	27.8	34.1

资料来源：历年《中国统计年鉴》。

二、中国产业劳动生产率比较——产业结构尚未优化

根据前述分析，结合三次产业的增加值结构和劳动力就业结构来看，虽然中国的产业升级已经在进行，但是中国的产业结构从总体来看还比较落后。这主要体现在，从劳动生产率来看，各产业的全员劳动生产率差异较大，而劳动力又主要集中在劳动生产率较低的产业，产业结构远未达到优化状态。

1. 各产业的全员劳动生产率差异较大

在中国当前的发展阶段，三大产业的全员劳动生产率差异是比较大的。以各产业的增加值与各产业的就业人数之比来衡量全员劳动生产率，可以发现，三大产业的全员劳动生产率从高到低为第二产业、第三产业、第一产业的顺序。以 2009 年为例，第二产业的全员劳动生产率最高，为 9686.8 元/人；其次为第三产业的 7395.0 元/人；最低的是第一产业的 1580.0 元/人。2009 年第一产业的全员劳动生产率仅为第二产业的全员劳动生产率的 16% ，是第三产业的全员劳动生产率的 21% 。

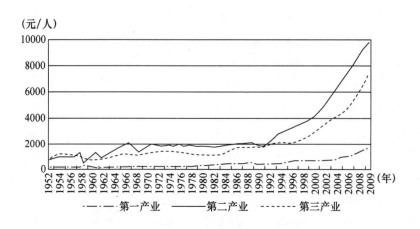

图 6 - 3　三大产业的全员劳动生产率

资料来源：根据历年《中国统计年鉴》计算。

从图 6 - 3 和表 6 - 3 可以发现：三大产业的全员劳动生产率不仅差异较大，而且这种差异还呈现出不断扩大的趋势。可以分三个历史阶段来考察。

第一阶段，1952～1962 年。第二产业和第三产业的全员劳动生产率相当，差别不大，均略高于第一产业的全员劳动生产率。这一阶段的特点是，三大产业的全员劳动生产率都增长缓慢。第二阶段，1963～1990 年。第二产业和第三产业的全员劳动生产率开始拉开差距，第二产业的全员劳动生产率明显高于第三产业的全员劳动生产率；而且，第二产业、第三产业的全员劳动生产率由于增长较快，与第一产业的全员劳动生产率的差距逐渐加大。第三阶段，1991～2009 年。第二产业的全员劳动生产率增长迅速，其与第三产业的全员劳动生产率的差距在不断拉大。而且，由于第二产业、第三产业的全员劳动生产率的增长明显快于第一产业，第二产业、第三产业的全员劳动生产率与第一产业的全员劳动生产率的差距进一步扩大。

表 6 - 3　　中国三大产业的全员劳动生产率（按 1950 年价格进行调整）

单位：元/人

年份	第一产业	第二产业	第三产业
1952	173.0	801.9	880.2
1953	177.0	924.6	1084.0
1954	177.0	913.8	1138.7
1955	185.0	940.5	1171.7
1956	195.7	921.7	1213.5
1957	177.5	1169.0	1084.2
1958	232.0	545.8	742.1
1959	189.5	907.2	774.3
1960	156.8	1223.9	760.6
1961	150.7	910.2	866.0
1962	138.4	1123.6	837.2
1963	156.4	1368.9	848.6
1964	175.8	1671.8	976.3
1965	202.0	1799.2	1149.8
1966	212.4	1987.5	1139.8
1967	209.9	1660.8	1121.0
1968	206.0	1435.0	1084.1
1969	198.8	1650.4	1211.6
1970	208.9	1881.7	1283.2

续表

年份	第一产业	第二产业	第三产业
1971	213.2	1861.6	1300.0
1972	214.0	1838.7	1345.1
1973	229.9	1892.3	1414.4
1974	235.0	1821.2	1377.6
1975	238.4	1906.9	1334.6
1976	236.9	1703.5	1226.5
1977	225.5	1801.0	1259.8
1978	250.8	1736.6	1233.0
1979	300.9	1799.5	1151.7
1980	297.1	1794.4	1120.0
1981	322.3	1734.3	1114.4
1982	347.4	1722.1	1151.8
1983	375.6	1803.1	1197.8
1984	432.0	1864.4	1328.8
1985	433.8	1960.8	1628.5
1986	441.3	1981.0	1680.4
1987	470.5	2063.9	1753.1
1988	465.1	2103.5	1793.3
1989	422.2	1998.4	1768.8
1990	414.8	1776.0	1567.5
1991	421.5	2003.3	1828.4
1992	439.4	2362.4	2070.7
1993	467.1	2778.7	2126.1
1994	532.3	2985.4	2124.0
1995	594.0	3186.0	2058.3
1996	646.4	3353.4	2089.6
1997	647.5	3543.9	2287.0
1998	663.2	3699.7	2553.0
1999	659.4	3990.6	2816.6
2000	659.5	4467.6	3106.3

年份	第一产业	第二产业	第三产业
2001	682.7	4802.6	3464.0
2002	714.2	5438.7	3767.5
2003	748.4	6110.9	4040.9
2004	919.5	6615.0	4249.0
2005	981.8	7186.9	4595.6
2006	1082.1	7864.6	5044.7
2007	1273.1	8459.9	5830.0
2008	1464.6	9144.5	6186.6
2009	1580.0	9686.8	7395.0

资料来源：根据历年《中国统计年鉴》计算。

2. 产业结构尚待优化

从上面的比较可以发现，中国的就业人口主要集中在第一产业和第三产业，第二产业吸纳的劳动力最少。但是，第二产业的全员劳动生产率却是最高的，就业人口最多的第一产业的全员劳动生产率却最低，而且第二产业和第一产业的全员劳动生产率差异非常大，这意味着：中国目前的产业结构远远未达到帕累托最优的状态。当劳动力从劳动生产率较低的产业进入劳动生产率较高的产业时，使用同样数量的劳动力就可以创造出更多的价值，从而提高整体经济的劳动生产率和整个经济所创造的价值。

从中国当前的状况来看，当劳动力从第一产业转移至第二产业时，这部分转移劳动力的生产率就能得到大幅提高，并创造出更多的价值。当劳动力从第三产业转移至第二产业时，这部分转移的劳动力的生产率也能有所提高并创造更多价值。当通过劳动力转移来调整第一产业、第二产业、第三产业的就业结构比例时，就能实现帕累托改进，提高整个经济体的生产率，使产业结构达到优化。

三、国际比较——中国产业结构仍较落后

为了更好地考察中国产业结构的发展状况，这里选取美国与中国进行比较，可以发现，中国的产业结构仍然比较落后，还有很大的调整空间。

1. 增加值的产业结构比较

从各产业增加值占 GDP 的比重来看，美国是以第三产业为主，第三产业增加值占 GDP 的比重从 20 世纪 90 年代末至 2009 年都在 70% 以上，近年来甚至接近 80%；其次是第二产业，第二产业增加值占 GDP 的比重在 20% ~ 30%，而且在此期间，第二产业增加值所占比重还出现了缓慢的下降趋势。美国的第一产业占 GDP 的比重非常小，基本稳定在 1% 的水平。美国各产业增加值占 GDP 的比重从高到低为第三产业、第二产业、第一产业的顺序，与中国第二产业、第三产业、第一产业的顺序有较大差别（见图 6 - 4）。

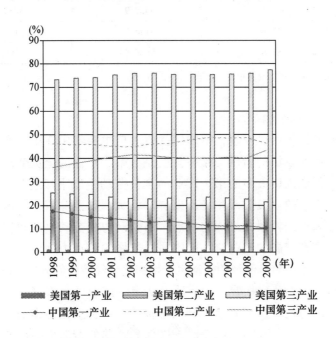

图 6 - 4　中美三大产业的增加值结构比较

资料来源：美国经济分析局，《中国统计年鉴》。

2. 劳动力就业的产业分布结构比较

美国劳动力就业在三大产业的分布结构，与增加值的产业分布结构是比较吻合的。从各产业的就业人员占全国就业人员的比重来看，美国绝大部分的劳动力都集中于第三产业，第三产业就业人员占全国就业人员的比重从 20 世纪 90 年代末至 2009 年都在 70% 以上，2008 ~ 2009 年甚至超过了 80%。美国的第二产业吸收了全国大约 1/5 的劳动力，但是该产业中的就业人员占全国就业人员的比重呈现下降趋势，从 1998 年的 22.81% 下降至 2009 年的 17.22%。美国保留在农业的劳动力很少，第一产业就业人员占全国就业人员的比重，十几年来均稳定在 1% 的水平上。

从各产业就业人员占全国就业人员的比重来看，美国从高到低的排序为第三产业、第二产业、第一产业，中国的排序为第一产业、第三产业、第二产业。而且，中国第二产业与第三产业的就业人员所占比重相差不大（见图 6-5）。

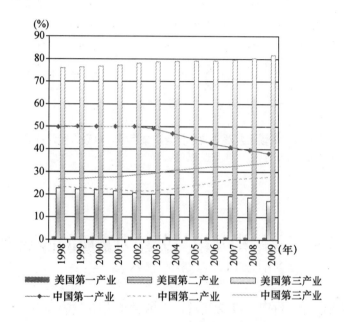

图 6-5　中美三大产业的就业结构比较

资料来源：美国劳工部，历年《中国统计年鉴》。

3. 全员劳动生产率产业差异的比较

正如前文所指出的，各产业之间的全员劳动生产率的差异，是产业结构是否合理的判断指标之一。

美国三大产业全员劳动生产率的特点是：三大产业之间差别不大。即便是在差距最大的 2009 年，全员劳动生产率最高和最低的产业也只相差了不到 30%（见图 6-6）。而在中国，全员劳动生产率的产业差异非常大，全员劳动生产率最高和最低的产业相差 80% 以上。从这个指标来看，中国的产业结构仍然不是很合理。

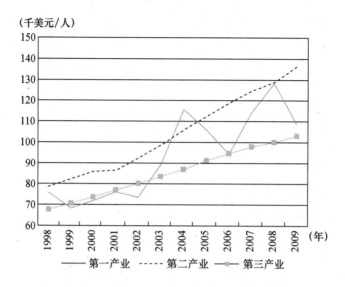

（千美元/人）

图6-6　美国三大产业的全员劳动生产率（以现价美元计算）
资料来源：根据美国经济分析局、劳工部数据计算。

第二节　产业结构升级与劳动力素质的匹配性分析

　　从第四章的分析中，可以发现，中国劳动力素质确实有了大幅提高，劳动力素质结构也有很大程度的优化。这已经为中国的产业结构升级奠定了最重要的劳动力基础。但是，在本章的分析中，我们发现，中国的产业升级还比较缓慢，产业结构仍然不是很合理。中国当前的产业结构升级还远远滞后于劳动力素质结构的优化，也就是说，劳动力素质提升对中国产业升级的推动作用并不明显。这种情况与微观企业层面的分析存在矛盾，也与现有经济理论及国际发展经验存在矛盾。其原因何在？

　　本书认为，产业结构升级与劳动力素质结构优化之间的矛盾，应该从以下两方面来看。

一、劳动力素质的提升与结构优化是产业升级的必要基础

劳动力素质的提升对产业升级具有促进作用，尤其是对于依靠技术进步来实现的产业升级而言，劳动力素质的提升和劳动力素质结构的优化是必不可少的。

从技术研究和开发的角度来说，从事研究与开发的人力资本越多，技术进步就越快。从技术的应用和推广的角度来说，劳动力的素质越高、受教育程度越高和技术水平越高，就越容易接受和掌握新技术，从而使新技术得到较快应用和普及；高素质的劳动力，更容易操作复杂的机器，从而加工更多的生产资料，生产出更多的产品，促进劳动生产率的提高。

劳动力素质的提升能够促进产业升级。一方面，多样化、高素质的劳动力能够提升经济活动的层次，使生产和服务过程从简单的产品组装生产向设计、复杂生产和营销推进。另一方面，多样化、高素质的劳动力能够促进产品升级，通过设计人员的努力来改进产品功能和用途，以增加产品的附加值。

技术进步和产业升级，是多层次递进的，因而也就需要各种素质层次不同的劳动力。从组装生产、复杂生产、营销、产品设计到技术研究，工作复杂度不断增长，相应地要求各环节劳动力的素质和技能也不断提高。综合而言，劳动力总体的素质越高，对技术进步和产业升级就越有利。

二、劳动力的有效利用，是劳动力素质结构优化促进产业升级的前提条件

上述分析的高素质劳动力对技术进步和产业升级的促进作用，仅是理论上存在可能性，这种可能性要成为现实，还需要有前提条件：高素质的劳动力必须能够真实地发挥作用，各种素质层次的劳动力都能够得到充分利用。这就需要市场能够有效地识别高素质劳动力，将其与普通劳动力区分开来，使高素质劳动力能够从事与其素质水平及技术水平相适应的工作，这样才能充分发挥其受教育程度高、技术水平高的优势。如果市场不能有效地识别出高素质劳动力，而只是将高素质劳动力视为普通劳动力或者是

当做素质稍低的劳动力来使用，这样，劳动力素质的提升就不能发挥作用，因而也就无法实现其对产业升级的促进作用。

影响劳动力利用效率的因素有很多，在宏观方面，包括产业结构是否能够与劳动力的素质结构相匹配、社会经济体制对高素质人才的重视程度；在微观方面，主要的影响因素是企业的人才管理制度是否合理，能否给各类人才提供足够的激励。只有当各种素质水平的劳动力都获得了与其自身素质水平相适应的工作岗位，并且在有效的激励制度下积极工作，高素质劳动力对技术进步、产业升级和经济发展的促进作用才能充分发挥出来。

第三节　劳动力素质及劳动力利用效率分析

上述分析表明，考察各种素质层次的劳动力利用效率是必要的。本节将以全国 29 个地区为例，考察这些地区劳动力的整体利用效率，以及各种素质层次的劳动力利用效率。首先，利用全国经济普查数据，介绍省际劳动力素质的衡量方法；其次，对本节的主要分析框架——考虑劳动力素质后的 SBI 方法（Slack－Based Inefficiency，SBI）做一简单介绍；再次，对各地区的劳动力利用效率进行实证测算；最后，探讨劳动力利用效率的影响因素。

一、省际劳动力素质的衡量

劳动力素质是一个综合的指标，包含了受教育程度、技术水平、身体健康状况、精神状态和职业操守等许多方面的内容。单纯从劳动力对技术进步、产业升级和经济增长的促进作用来看，劳动力的受教育程度和技术水平是劳动力素质中最重要的内涵。一般而言，当劳动力的受教育程度提升时，劳动力的技术水平也相应地提升。但是，劳动力技术水平与劳动力受教育程度有一定的区别。劳动力受教育程度是劳动力素质的基础，劳动力除了要具备必要的受教育程度外，还需要掌握与该行业相适应的具体的、专业的劳动技能和专业技术知识，其掌握的程度，则由技术等级和专业技术职称等指标来衡量①。

受限于数据的可获得性，此前的大部分研究都使用受教育程度来衡量劳动力素质。2004 年和 2008 年，中国分别进行了第一次和第二次全国经济普查，在许多方面取得了更详细的数据，其中就包括了劳动力技术等级和专业技术职称的分省数据，这就为以技术等级和专业技术职称来衡量劳动力素质，进而测算劳动力利用效率提供了可能性。

本部分以两次全国经济普查的数据为基础，从受教育程度和技术水平两方面来衡量劳动力素质。考虑到前述因素，我们将技术水平作为主要分析指标，重点介绍这方面的测算结果。鉴于 2008 年受金融危机影响，很多指标可能会偏离常态值，本书主要报告 2004 年的分析结果，同时以 2008 年的分析结果作为辅助分析指标，以供参考。

以受教育程度来衡量劳动力素质，最常用的指标是劳动力的平均受教育程度。各地区从业人员的平均受教育程度计算方法为：

$$edu_i = \sum_j p_{ij} \times ey_{ij} \tag{1}$$

式中，edu_i 是第 i 个省份全部从业人员的平均受教育程度，p_{ij} 是第 i 个省份受教育程度为 j 的从业人员所占的比重，$j=1，2，3，4，5$，分别表示五个层次的受教育程度：初中及以下、高中、大学专科、大学本科、研究生；ey_{ij} 是第 i 个省份受教育程度为 j 的从业人员的受教育程度。考虑到不同层次的受教育程度所需要的时间，我们将五种层次的受教育程度分别量化为 6、12、15、16、20（各地区从业人员受教育情况详见附表 1 和附表 2）。

以技术水平来衡量劳动力素质，首先需要构造可以衡量劳动力平均技术水平的指标，一个简单的思路是，为不同层次的技术等级和专业技术职称等级赋予相应的衡量权重，将各级技术水平的信息都进行合并。借鉴劳动力平均受教育程度公式的构建方法，计算劳动力平均技术水平的公式如下：

---

① 一般来说，对劳动力专业技术水平和专业技能的衡量，有两个平行的考察体系，即技术等级和专业技术职称，这是针对不同类别的劳动力而设立的。其中，技术等级是针对工人的专业技术水平而设立的衡量体系，由低到高分别是初级工、中级工、高级工、技师、高级技师、正高级技师。专业技术职称是针对干部的专业技术水平而设立的衡量体系，由低到高分别是初级技术职称、中级技术职称和高级技术职称。因此，衡量劳动力的技术水平，需要结合劳动力的技术等级和专业技术职称等级水平两方面的内容来进行考察。

$$tech_i = \sum_j p_{ij} \times w_{ij} \tag{2}$$

式中，$tech_i$ 是第 i 个省份全部从业人员的平均技术水平，p_{ij} 是第 i 个省份技术等级或专业技术职称等级为 j 的从业人员所占比重，j = 1，2，…，8，分别表示八个技术等级或专业技术职称等级：具有高级技术职称人员、具有中级技术职称人员、具有初级技术职称人员、高级技师、技师、高级工、中级工、无技术职称的普通劳动者。w_{ij} 是第 i 个省份第 j 个技术等级或专业技术职称等级的合并权重，依次设定为 26、23、21、18、15、12、9、6[①]（各地区从业人员技术水平情况详见附表 3 和附表 4）。

二、考虑劳动力素质后的 SBI 分析方法

1. 生产可能性集

数据包络分析方法（DEA）由于对生产函数没有具体形式的要求，因而被广泛应用于效率测算。如图 6 – 7 所示，横轴表示投入 x，纵轴表示产出 y。假设有 B、C、D 三个生产单位，对于第 i 个生产单位，x^i 与 y^i 分别表示要素投入与产出。

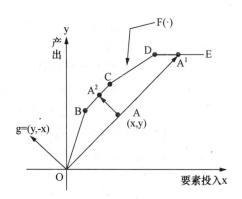

图 6 – 7 方向性产出距离函数示意图

---

① 技术权重的选择，主要是根据经验，依照各技术等级从业人员的成长时间而设定。设定无技术职称的普通劳动者权重与初中及以下文化程度者的权重一样，为 6。一般而言，中级工需要经过 3 年的锻炼和学习，才能成为高级工，因此，中级工的权重为 9，高级工的权重为 12。其余技术层次的权重设置也是以此类推。

根据生产可能性集的单调性、凸性等假设，此时的生产可能性集为包络线 OBCDE 与 x 轴之间的部分，而包络线 OBCDE 即为生产前沿面。

　　2. 效率测度：从产出距离函数到基于松弛量的方法

　　显然，B、C、D 是有效率的，而位于生产前沿面之内的 A 则是低效率的。那么，怎样衡量单位 A 的效率损失呢？这就需要首先测算产出损失。产出损失的测算有多种方法。按照逻辑顺序，主要有以下方法：

　　传统的产出距离函数法假设，投入与产出同时等比例增加，在图 6 - 7 中表现为，将 OA 延长至生产前沿面上的 A^1，则产出距离函数可以定义为：

$$D(x, y; f) = \sup\{\alpha: (x, y) + \alpha f \in P\} = \sup\{\alpha: (x, y) +$$
$$\alpha(x, y) \in P\} = \sup\{\alpha: ((1+\alpha)x, (1+\alpha)y) \in P\}$$

　　式中，$D(x, y; f)$ 代表 A 至生产前沿面的距离，在图 6 - 7 中为 AA^1。第二个等式利用了产出距离向量 $f = (x, y)$，其经济意义为，投入与产出同时等比例增加。利用 $F(x, y; g) = (1 + D(x, y; f)) y(x)$，A 的生产效率可以表示为：

$$\rho^{SDF}(A) = \frac{y(x)}{F(x, y; g)} = \frac{y(x)}{(1 + D(x, y; g)) y(x)}$$
$$= \frac{1}{1 + D(x, y; g)} \tag{3}$$

　　后来的方向性距离函数法则假设，企业有可能在增加产出的同时降低投入。定义方向性距离函数为：

$$\vec{D}(x, y; g) = \sup\{\beta: (x, y) + \beta g \in P\} = \sup\{\beta: (x, y) +$$
$$\beta(-x, y) \in P\} = \sup\{\beta: ((1-\beta)x, (1+\beta)y) \in P(x)\}$$

　　式中，第二个等式利用了方向性向量 $g = (-x, y)$，其经济意义为，企业可以在减少投入的同时增加产出，而且，产出扩张与投入缩减的比例相同。满足上式的 β 即是方向性距离函数值 $\vec{D}(x, y; g)$，在图 6 - 7 中表示为 AA^2。利用 $F(x, y; g) = (1 + \vec{D}(x, y; g)) y(x)$，A 的生产效率可以表示为：

$$\rho^{DDF}(A) = \frac{y(x)}{F(x, y; g)}$$
$$= \frac{y(x)}{(1 + \vec{D}(x, y; g)) y(x)} = \frac{1}{1 + \vec{D}(x, y; g)} \tag{4}$$

方向性距离函数方法虽然同时考虑了产出增加与投入缩减的情况，但是假设产出扩张与投入缩减的比例是相同的。基于松弛量的方法（Slack – based Measure，SBM）则放松这一假设，允许投入的缩减比例与产出的扩张比例不同，其具体比例取决于松弛量（Slack）。基于松弛量的计算方法为：

$$\rho^{SBM}(x, y; g_x, g_y) = \min_{s_x, s_y} \frac{1 - \dfrac{1}{N} \sum_{n=1}^{N} \dfrac{S'_{n,x}}{g_{n,x}}}{1 + \dfrac{1}{M} \sum_{m=1}^{M} \dfrac{S_{m,y}}{g_{m,y}}} \tag{5}$$

式中，$S_{n,x}$ 与 $S_{m,y}$ 分别表示第 n 种投入与第 m 种产出的松弛向量，其计算方法在后文一并介绍。SBM 法虽然允许投入与产出按不同比例扩张或缩减，但其表达形式为分式，难以按投入与产出进行分解，因此也难以分解出各种投入对于生产效率的贡献。

3. 基于松弛量的效率损失测度法（SBI）

借鉴 Fukuyama 和 Weber（2009），同时考虑投入与产出的效率损失函数为：

$$IE^{t,k'} = \max_{s_x, s_y, s_b} \frac{\sum_{n=1}^{N} \dfrac{S_{n,x}^{t,k'}}{g_{n,x}^{t,k'}} + \sum_{m=1}^{M} \dfrac{S_{m,y}^{t,k'}}{g_{m,y}^{t,k'}}}{M + N}$$

$$\text{s. t. } \sum_{k=1}^{K} z_n^{t,k} x_n^{t,k} + S_{n,x}^{t,k'} = x_n^{t,k'}, \forall n; \sum_{k=1}^{K} z^{t,k} y_m^{t,k} - S_{m,y}^{t,k'} = y_m^{t,k'}, \forall m;$$

$$\sum_{k=1}^{K} z^{t,k} = 1, z^{t,k} \geq 0, \forall k; S_{n,x}^{t,k'} \geq 0, \forall n; S_{m,y}^{t,k'} \geq 0, \forall m \tag{6}$$

$IE^{t,k'}$ 表示 t 时期、K 个生产单元中 k′ 的效率损失值。其中，$x^{t,k'}$ 与 $y^{t,k'}$ 分别表示 t 时期生产单元 k′ 的投入向量与产出向量，两种向量包含的种类数分别为 N 与 M；$S_{n,x}^{t,k'}$ 与 $S_{m,y}^{t,k'}$ 分别表示 t 时期生产单元 k′ 的第 n 种投入与第 m 种产出的松弛向量；$z^{t,k}$ 表示权重。松弛向量均取非负值：若取值为零，则表明不存在投入使用过多（$S_{n,x}^{t,k'} = 0$）或产出不足（$S_{m,y}^{t,k'} = 0$）；若取值为正，则表示投入使用过多（$S_{n,x}^{t,k'} > 0$）或产出不足（$S_{m,y}^{t,k'} > 0$）。$\sum_{k=1}^{K} z^{t,k} = 1$，$z^{t,k} \geq 0$，$\forall k$ 的约束条件意味着规模报酬可变（VRS），如果去掉这一约束条件则意味着规模报酬不变（CRS）。本书主要测算 VRS 条件下的效率损失值及环境全生产率。

可进一步将效率损失函数值分解为：投入效率损失与产出效率损失。对于 t 时期的生产单元 k′，投入效率损失与产出效率损失可分别表示为：

$$IE_x^{t,k'} = \frac{1}{M+N} \sum_{n=1}^{N} \frac{S_{n,x}^{t,k'}}{g_{n,x}^{t,k'}} \tag{7}$$

$$IE_y^{t,k'} = \frac{1}{M+N} \sum_{m=1}^{M} \frac{S_{m,y}^{t,k'}}{g_{m,y}^{t,k'}} \tag{8}$$

则有：

$$IE^{t,k'} = IE_x^{t,k'} + IE_y^{t,k'} \tag{9}$$

产出为各省、市、自治区的地区生产总值，因此 M=1。此处所指的投入有两种：固定资本存量与经技术水平调整过的劳动投入量，因此，N=2。将 $IE_x^{t,k'}$ 中的 x 分别改为 L 与 K，则可以分别得到劳动力与资本的利用效率损失值。

4. 加入劳动力素质的效率损失测度法

多数研究以从业人员数量作为劳动投入量，本书在这种做法之外，同时考察了以经劳动力素质调整后的劳动力数量作为劳动投入量。具体而言，采用两种方法。第一种方法，以劳动力平均专业技术职称或受教育程度作为调整系数，计算考虑劳动力素质之后的劳动投入量，计算方法为：

$$L_e = L_Q \times e \tag{10}$$

式中，L_e 表示经调整后的劳动投入量，L_Q 表示未经调整的从业人员总数，e 表示从业人员的平均专业技术职称或平均受教育程度。其中，当用平均专业技术职称调整时，符号 e 具体化为 tech；当用平均受教育程度调整时，符号 e 具体化为 edu。

第二种方法，是考察各类劳动力的利用效率损失值。将具有各级技术水平或不同受教育程度的劳动力数量直接作为投入要素纳入效率损失测度模型，则各类劳动力的平均利用效率损失值表示为：

$$IE_L^{t,k'} = \frac{1}{M+N} \frac{1}{J} \sum_j \frac{S_{n,L_j}^{t,k'}}{g_{n,L_j}^{t,k'}} \tag{11}$$

各类劳动力利用效率损失值为：

$$IE_{L_j}^{t,k'} = \frac{1}{M+N} \frac{S_{n,L_j}^{t,k'}}{g_{n,L_j}^{t,k'}} \tag{12}$$

式中，$IE_L^{t,k'}$ 表示劳动力利用效率损失值，$IE_{L_j}^{t,k'}$ 表示第 j 种专业技术职称或受教育程度的劳动力资源的利用效率损失值，J 表示专业技术职称或学历的种类。

将除中国香港、中国澳门、中国台湾与西藏以外的各省、市、自治区分别看做是生产单元。产出为各省、市、自治区的地区生产总值，并调整为 2000 年不变价（见表 6-4）。投入有两种：固定资本存量与劳动投入量。其中，固定资本存量借鉴张军等（2004）的方法测算，并调整为 2000 年不变价（见表 6-5）。由于 1997 年之前的固定资产投资价格指数将重庆与四川合并在一起，因而本书在测算固定资产投资时也将重庆与四川合并在一起，统称为"四川"，数据来源于《中国统计年鉴》、《新中国六十年统计资料汇编》。

表6-4　　　　　中国各地区生产总值（以 2000 年不变价格衡量）　　　单位：亿元

省（自治区、直辖市）	2004 年	2008 年
北京市	3909.949	6187.076
天津市	2750.849	4878.183
河北省	7638.838	12199.718
山西省	2704.615	4354.352
内蒙古自治区	2494.228	5164.046
辽宁省	7053.774	11839.202
吉林省	2695.032	4679.050
黑龙江省	4823.037	7555.274
上海市	7178.347	11389.185
江苏省	13777.818	23471.989
浙江省	9872.704	16018.420
安徽省	4494.773	7223.926
福建省	5853.581	9762.446
江西省	3080.436	5000.275
山东省	13735.569	23173.522
河南省	7718.165	12953.777
湖北省	6203.433	10230.146
湖南省	5389.106	8933.883
广东省	15815.748	26278.851

续表

省（自治区、直辖市）	2004 年	2008 年
广西壮族自治区	3025.454	5046.797
海南省	759.049	1212.726
四川省	8436.053	13802.500
贵州省	1446.462	2349.510
云南省	2756.059	4156.508
陕西省	2557.413	4464.230
甘肃省	1464.654	2257.453
青海省	414.761	679.222
宁夏回族自治区	403.810	640.464
新疆维吾尔自治区	1985.985	3044.713

表 6 - 5 　　　中国各省（自治区、直辖市）固定资本存量估计
（以 2000 年不变价格计算）　　单位：亿元

省（自治区、直辖市）	2004 年	2008 年
北京市	11515.07	18410.52
天津市	5820.00	10804.36
河北省	14571.62	28684.09
山西省	5524.38	11203.80
内蒙古自治区	5228.05	14942.77
辽宁省	11971.69	28231.17
吉林省	5363.90	13498.92
黑龙江省	7762.61	13010.72
上海市	15428.81	22843.14
江苏省	25295.84	48847.06
浙江省	21444.64	37905.58
安徽省	8120.03	18619.55
福建省	9262.76	17873.72
江西省	6065.73	13346.41
山东省	25329.01	51260.08

续表

省（自治区、直辖市）	2004 年	2008 年
河南省	13045.53	29441.78
湖北省	9528.77	18194.54
湖南省	9019.58	16989.75
广东省	26125.86	44157.60
广西壮族自治区	5283.18	11614.65
海南省	1739.80	2652.40
四川省	14106.82	23914.53
贵州省	3891.21	6826.25
云南省	5983.88	11245.73
陕西省	6450.54	13073.97
甘肃省	3084.41	5671.48
青海省	1306.80	2202.27
宁夏回族自治区	1486.29	2756.98
新疆维吾尔自治区	5460.86	8656.75

三、地区劳动力利用效率的差异分析

1. 分地区劳动力素质的分布状况

目前，中国各地区的劳动力素质差异虽然不是很大，但是其空间分布配置很不均衡。根据公式（1）和公式（2）计算的各省（自治区、直辖市）劳动力的平均技术水平和平均受教育程度如图 6-8 和图 6-9 所示。

从技术水平的角度来看，2004 年与 2008 年全国从业人员的平均技术水平分别是 9.9 与 9.6，相当于全国从业人员的平均技术水平处于略高于中级技术工人，但仍未达到高级技术工人的水平。分省（自治区、直辖市）来看，平均技术水平较高的省（自治区、直辖市），2004 年为湖北、云南与广西等省（自治区、直辖市），2008 年为宁夏、云南与新疆等省（自治区、直辖市）；平均技术水平较低的省（自治区、直辖市），2004 年为浙江、广东、西藏、上海、江苏、福建，2008 年则是广东、江苏、浙江与上海。总体而言，西部地区的从业人员平均技术水平普遍较高，东部地区的从业人员平均技术水平普遍较低。初看起来，这一结果似乎与人们的直观感受有些差异。但是，进一步考察可以发现，从业人员的平均技术水平不仅取决于最高素质劳动力的绝对数量和相对比例，还取决于其他素质劳动力的绝对数量与相对比例。东部发达地区虽然经济发展程度较高，但其参与的主要是加工贸易环节，吸纳了大量来自中部与西部地区的劳动力，而这部分劳动力以农村剩余劳动力为主，技术水平与受教育程度相对较低，从而导致东部发达地区从业人员的平均技术水平与平均受教育程度均有下降。

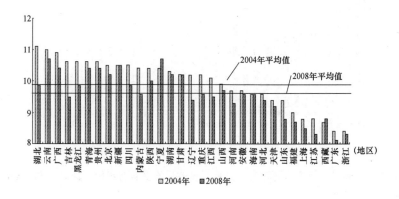

图 6 – 8　各省（自治区、直辖市）从业人员的平均技术水平（2004 年与 2008 年）
资料来源：笔者计算。

从受教育程度的角度来看，2004 年与 2008 年全国从业人员的平均受教育程度分别是 10.5 年与 11.1 年，接近于高中毕业水平。分省（自治区、直辖市）来看，平均受教育程度较高的地区，2004 年是北京、吉林、黑龙江、新疆与内蒙古等省（自治区、直辖市），2008 年是北京、新疆、广西、吉林、宁夏与青海等省（自治区、直辖市）；平均受教育程度较低的地区，2004 年是浙江、西藏、福建、江苏、广东、山东与上海等省（自治区、直辖市）。与平均技术水平的情况类似，多数沿海发达省份的劳动力平均受教育程度并不高，这主要是因为，多数沿海发达省份从业人员中，具有研究生或大学学历的劳动力占从业总人数的比例较低，而具有初中及以下学历的劳动力占从业总人数的比例较高。例如，浙江、福建、广东具有研究生学历的劳动力所占比例分别为 0.36%、0.40%、0.69%，低于全国 0.71% 的平均水平，更远远低于北京（3.66%）、辽宁（1.04%）和上海

（1.76%）等高学历劳动力密集的地区。另外，浙江、福建、广东具有初中及以下学历的劳动力所占比例分别为58.03%、49.04%和46.37%，高于全国39.58%的平均水平，也高于吉林（29.09%）、北京（29.87%）和内蒙古（31.50%）等省（自治区、直辖市）。可见，沿海经济发达地区的经济发展所依靠的劳动力主要是普通劳动者。

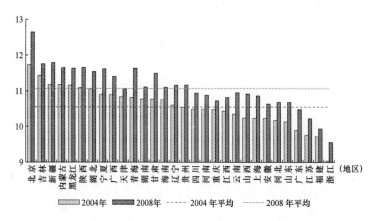

图6-9 各省（自治区、直辖市）从业人员的平均受教育程度（2004年与2008年）
资料来源：笔者计算。

对比从业人员的平均技术水平和平均受教育程度，可以看出，对于大部分省（自治区、直辖市）而言，两者的水平基本相似。例如，黑龙江、吉林、湖南等的从业人员平均技术水平和平均受教育程度都相对较高；浙江、西藏、福建、广东等的从业人员平均技术水平和平均受教育程度都相对较低。这是因为，一般而言，劳动力受教育程度的提高有助于其掌握生产技术，进而导致其技术水平提升。但各省（自治区、直辖市）从业人员的平均技术水平和平均受教育程度也并不是完全匹配的。例如，天津市从业人员的平均受教育程度就要远远高于其平均技术水平（见表6-6）。

表6-6 劳动力的平均技术水平和平均受教育程度（2004年与2008年）

省（自治区、直辖市）	2004年		2008年	
	平均技术水平	平均受教育程度	平均技术水平	平均受教育程度
湖北省	11.1	11.1	9.9	11.5
云南省	11	10.3	10.7	11
广西壮族自治区	10.9	10.9	10.4	11.4

续表

省（自治区、直辖市）	2004 年		2008 年	
	平均技术水平	平均受教育程度	平均技术水平	平均受教育程度
吉林省	10.6	11.4	9.5	11.8
黑龙江省	10.6	11.2	9.9	11.6
青海省	10.6	10.8	10.4	11.6
贵州省	10.6	10.5	10.4	11.2
北京市	10.5	11.7	10.2	12.6
新疆维吾尔自治区	10.5	11.2	10.5	11.8
四川省	10.5	10.5	9.9	10.9
内蒙古自治区	10.4	11.2	9.6	11.7
陕西省	10.4	11.1	10	11.7
宁夏回族自治区	10.4	10.9	10.7	11.6
湖南省	10.3	10.8	10.2	11.1
甘肃省	10.2	10.8	10.2	11.5
辽宁省	10.2	10.6	9.4	11.2
重庆市	10.2	10.5	9.6	10.7
江西省	10.1	10.4	9.5	10.8
山西省	9.9	10.2	9.7	10.9
河南省	9.7	10.5	9.3	10.9
安徽省	9.7	10.2	9.6	10.6
海南省	9.6	10.8	9.6	11.1
河北省	9.6	10.2	9.4	10.7
天津市	9.4	10.8	9.2	11.1
山东省	9.4	10.1	8.8	10.7
福建省	9	9.7	8.7	9.9
上海市	8.8	10.2	8.5	10.9
江苏省	8.8	9.8	8.3	10.2
西藏自治区	8.7	9.7	8.8	10.3
广东省	8.4	9.9	8.1	10.5
浙江省	8.4	9	8.3	9.6
平均	9.9	10.5	9.6	11.1

资料来源：根据《中国经济普查年鉴》（2004 年、2008 年）计算。

2. 纳入总体平均素质因素后的劳动力利用效率

首先，利用公式（7），测算出未考虑劳动力素质时的劳动力利用效率损失值；其次，利用公式（10），测算出考虑劳动力素质后的劳动投入量；最后，再通过公式（11）测算考虑劳动力平均素质后的劳动力利用效率损失值。通过比较两种情形时的劳动力利用效率损失值的变化，可以考察各类劳动力的利用状况及其在各省（自治区、直辖市）的差异。

（1）劳动力利用效率的比较：未考虑劳动力素质与考虑劳动力素质的差异。如表6-7与表6-8所示，无论是否考虑劳动力素质，一些省（自治区、直辖市）的劳动力利用效率都处于生产前沿面上，如2004年的广东、湖北、海南、青海，2008年的广东、内蒙古、辽宁、黑龙江、上海、海南、青海与宁夏等。这些地区对劳动力的总体利用，在全国来看是效率最高的。

大部分地区在考虑了劳动力的平均技术水平后，劳动力利用效率损失值出现了提高，即劳动力利用效率下降。如2004年的广西、辽宁、吉林、云南等省（自治区、直辖市）；2008年的山西、四川、新疆、湖南等省（自治区、直辖市）。这意味着，多数省（自治区、直辖市）的经济发展程度、产业结构和经济制度并不能够有效地识别出各类劳动力，未能有效地将其配置到相应的工作岗位上。在这些地区，各类劳动力在一定程度上被同一化了，劳动力的素质差别在一定程度上被忽略。高素质劳动力并没有被安排到对劳动力素质要求高的需要更复杂技术的工作岗位上，而是与普通劳动力一样，被安排到了对劳动力素质要求不高的工作岗位上，这样，高素质劳动力就不能充分地发挥其应有的作用，并未起到倍乘的普通劳动力的作用，因此，在考虑了劳动力素质因素后，劳动力利用效率反而下降了。

少数省（市）在纳入劳动力素质因素后，劳动力利用效率损失值减小了，即劳动力利用效率出现了提高。这类省（市），在2004年主要是上海、浙江、福建与江苏，2008年又增加了天津、江西、河南与陕西四个省（市）。这说明，上述地区的经济发展程度、产业结构和经济制度能够有效地识别出各类劳动力，并将其分配到相应的工作岗位上，从而使得高素质的劳动力能够产生更高的劳动生产率，这样，各类劳动力都得到相对较充分的利用，劳动力总体的利用效率相应提高。

还有部分省（市）在考虑劳动力的平均技术水平后，劳动力利用效率得以提高，但在考虑劳动力的平均受教育程度后，劳动力利用效率下降，如2004年的天津，2008年的北京、吉林等。这可能是因为，这些省

（市）的劳动力市场可以较有效地识别不同专业技术职称的劳动力，但难以识别出不同学历的劳动力。另外一些省（自治区）正好相反，如2004年的河北与山西，2008年的河北、广西、贵州与云南，在考虑劳动力的平均受教育程度后，劳动力利用效率得以提高，但在考虑劳动力的平均技术水平后，劳动力利用效率下降，这可能是因为，这些省（自治区）的劳动力市场可以较有效地识别不同学历的劳动力，但难以识别出不同专业技术职称的劳动力。

表6-7 考虑劳动力素质前后的劳动力利用效率（2004年）

省（自治区、直辖市）	不考虑专业技术职称的劳动力利用效率损失值	考虑专业技术职称后的劳动力利用效率损失值	差异	不考虑受教育程度的劳动力利用效率损失值	考虑受教育程度后的劳动力利用效率损失值	差异
北京市	0.125	0.145	0.020	0.125	0.151	0.026
天津市	0.019	0.013	-0.006	0.019	0.034	0.015
河北省	0.016	0.026	0.010	0.016	0.010	-0.006
山西省	0.171	0.176	0.005	0.171	0.169	-0.002
内蒙古自治区	0.025	0.051	0.026	0.025	0.048	0.023
辽宁省	0.000	0.031	0.031	0.000	0.013	0.013
吉林省	0.067	0.095	0.028	0.067	0.093	0.026
黑龙江省	0.000	0.034	0.034	0.000	0.028	0.028
上海市	0.021	0.003	-0.018	0.021	0.020	-0.001
江苏省	0.015	0.000	-0.015	0.015	0.000	-0.015
浙江省	0.052	0.042	-0.010	0.052	0.024	-0.028
安徽省	0.068	0.073	0.005	0.068	0.068	0.000
福建省	0.004	0.000	-0.004	0.004	0.000	-0.004
江西省	0.083	0.098	0.015	0.083	0.086	0.003
山东省	0.000	0.001	0.001	0.000	0.000	0.000
河南省	0.066	0.087	0.021	0.066	0.079	0.013
湖北省	0.000	0.000	0.000	0.000	0.000	0.000
湖南省	0.058	0.084	0.026	0.058	0.077	0.019
广东省	0.000	0.000	0.000	0.000	0.000	0.000

省（自治区、直辖市）	不考虑专业技术职称的劳动力利用效率损失值	考虑专业技术职称后的劳动力利用效率损失值	差异	不考虑受教育程度的劳动力利用效率损失值	考虑受教育程度后的劳动力利用效率损失值	差异
广西壮族自治区	0.054	0.090	0.036	0.054	0.069	0.015
海南省	0.000	0.000	0.000	0.000	0.000	0.000
四川省	0.065	0.090	0.025	0.065	0.066	0.001
贵州省	0.126	0.055	− 0.071	0.126	0.126	0.000
云南省	0.056	0.084	0.028	0.056	0.062	0.006
陕西省	0.129	0.065	− 0.064	0.129	0.129	0.000
甘肃省	0.146	0.161	0.015	0.146	0.157	0.011
青海省	0.000	0.000	0.000	0.000	0.000	0.000
宁夏回族自治区	0.020	0.041	0.021	0.020	0.022	0.002
新疆维吾尔自治区	0.061	0.085	0.024	0.061	0.074	0.013

资料来源：笔者计算。

表6-8   考虑劳动力素质前后的劳动力利用效率（2008年）

省（自治区、直辖市）	不考虑专业技术职称的劳动力利用效率损失值	考虑专业技术职称后的劳动力利用效率损失值	差异	不考虑受教育程度的劳动力利用效率损失值	考虑受教育程度后的劳动力利用效率损失值	差异
北京市	0.111	0.000	− 0.111	0.111	0.129	0.018
天津市	0.015	0.000	− 0.015	0.015	0.000	− 0.015
河北省	0.008	0.022	0.014	0.008	0.000	− 0.008
山西省	0.057	0.140	0.083	0.057	0.133	0.076
内蒙古自治区	0.000	0.000	0.000	0.000	0.000	0.000
辽宁省	0.000	0.000	0.000	0.000	0.000	0.000
吉林省	0.047	0.036	− 0.011	0.047	0.052	0.005
黑龙江省	0.000	0.000	0.000	0.000	0.000	0.000
上海市	-0.000	0.000	0.000	0.000	0.000	0.000
江苏省	0.026	0.015	− 0.011	0.026	0.000	− 0.026

续表

省（自治区、直辖市）	不考虑专业技术职称的劳动力利用效率损失值	考虑专业技术职称后的劳动力利用效率损失值	差异	不考虑受教育程度的劳动力利用效率损失值	考虑受教育程度后的劳动力利用效率损失值	差异
浙江省	0.077	0.000	−0.077	0.077	0.000	−0.077
安徽省	0.087	0.079	−0.008	0.087	0.063	−0.024
福建省	0.021	0.006	−0.015	0.021	0.000	−0.021
江西省	0.100	0.089	−0.011	0.100	0.083	−0.017
山东省	0.000	0.000	0.000	0.000	0.000	0.000
河南省	0.070	0.050	−0.020	0.070	0.000	−0.070
湖北省	0.000	0.028	0.028	0.000	0.020	0.020
湖南省	0.038	0.059	0.021	0.038	0.051	0.013
广东省	0.000	0.000	0.000	0.000	0.000	0.000
广西壮族自治区	0.036	0.052	0.016	0.036	0.032	−0.004
海南省	0.000	0.000	0.000	0.000	0.000	0.000
四川省	0.046	0.074	0.028	0.046	0.047	0.001
贵州省	0.101	0.104	0.003	0.101	0.091	−0.010
云南省	0.066	0.080	0.014	0.066	0.057	−0.009
陕西省	0.118	0.000	−0.118	0.118	0.106	−0.012
甘肃省	0.123	0.129	0.006	0.123	0.128	0.005
青海省	0.000	0.000	0.000	0.000	0.000	0.000
宁夏回族自治区	0.000	0.000	0.000	0.000	0.000	0.000
新疆维吾尔自治区	0.048	0.073	0.025	0.048	0.052	0.004

资料来源：笔者计算。

（2）劳动力利用效率的差异：地区比较。如表 6 - 7 与表 6 - 8 所示，在将劳动力总体的平均素质水平纳入 SBI 方法后，劳动力利用效率的省级差异较大。以 2004 年为例，全国劳动力利用效率损失值的平均值为 0.056，以此为界限，可以将全国各省（自治区、直辖市）划分为三类地区。

第一类地区是处于生产前沿面上的、劳动力利用效率最高（即劳动力利用效率损失值为 0）的地区，包括海南、江苏、青海、广东、湖北、福建 6 个省。从整体上看，这 6 个省，其对素质层次不同的劳动力的需求和供给相对平衡，其经济发展程度、产业结构与劳动力结构比较匹配，素质层次不同的劳动力能较大程度地发挥作用。

对湖北省和广东省的情形深入考察有助于更好地理解劳动力利用效率与劳动力素质及产业结构的关系。虽然这两个省都处于生产前沿面上，劳动力利用效率都是最高的，但它们的劳动力利用效率高背后的作用机制可能有所差异。正如前面分析的，2004 年湖北省的平均技术水平是最高的，而广东省的平均技术水平则是最低的。从经济发展水平来看，湖北省与广东省 2004 年的人均 GDP 分别为 10500 元和 19707 元。因此，从劳动力平均技术水平与经济发展水平来看，这两个省似乎属于不同类型的地区。要理解两个省劳动力利用效率均相对有效这一现象，需要进一步考察两个省的产业结构。从产业结构来看，2004 年，湖北省和广东省的工业占地区生产总值的比重分别为 48.6% 和 64.4%，第三产业占地区生产总值的比重分别为 29.6% 和 25.9%，广东省的工业所占比重相对较高，湖北省的第三产业所占比重相对较高。从目前来看，加工贸易对广东经济的发展仍很重要，例如，2006 年，广东省的来料加工贸易出口额占总出口额的 14.3%，进料加工贸易出口额占总出口额的 54.7%，两者合计占出口总额的比重为 69%[①]，而加工贸易往往位于产业链的中低端环节。其需要的劳动力也主要是普通劳动者，而对高技术水平的劳动力的需求相对较小。实际上，广东省也正是农村剩余劳动力的主要接收地，这从另一个侧面说明，广东省对劳动力素质的需求并不高。而湖北工业的技术水平相对较高。例如，湖北省是中国第二大汽车生产基地和最大的中型货车生产基地、最大的重型机床和包装机械生产基地；信息产业也是湖北省的主要产业，其产值占全省工业总产值的比重在 2005 年达到 8.5%。这些行业对劳动力的技术要求都比较高，因此，湖北省的产业结构能为高技术水平的劳动力提供较多的机会。

第二类地区是劳动力利用效率相对较高（劳动力利用效率损失值低于全国平均水平 0.056）的地区。包括山东、上海、天津、河北、辽宁、黑龙江、宁夏、浙江、内蒙古和贵州 10 个省、市、自治区。这类地区劳动力利用效率相对较高，其原因可能是，这些地区高素质劳动力的供给略大于需

---

① 根据《广东统计年鉴》（2010）表 16 - 4 "按贸易方式和经济类型分的进出口额" 中的数据计算而得。

求，其经济发展程度或产业结构的提升速度相对滞后于劳动力素质结构的提升速度，因此，部分劳动力，尤其是素质相对较高的劳动力没有得到充分利用，出现了劳动力利用的效率损失。

第三类地区是劳动力利用效率较低（劳动力利用效率损失值高于全国平均水平 0.056）的地区，包括陕西、安徽、湖南、云南、新疆、河南、四川、广西、吉林、江西、北京、甘肃和山西 13 个省、市、自治区。这些省、市、自治区，其劳动力利用效率较低，可能是因为，这些地区的经济发展程度或产业结构的提升速度相对滞后于劳动力素质结构的提升速度，或者经济制度并未给劳动力提供足够的激励，导致现在的各种素质层次的劳动力并没有得到充分利用。

在第三类地区中，值得注意的是北京市。北京市的从业人口的平均技术水平相对较高，其 2004 年的平均技术水平值为 10.5，排在全国的第八位，但是北京市的劳动力利用效率仅为全国倒数第三。

北京市劳动力平均技术水平相对较高与劳动力利用效率较低同时并存这一现象，可能是三方面因素导致的结果。第一个可能的因素是，与劳动力素质结构的升级相比，北京市的产业结构升级可能相对滞后。为了更好地理解这一点，可以对上海市和北京市进行对比分析。从劳动力平均技术水平来看，北京市的劳动力平均技术水平远高于上海市，但是，北京市产业结构升级的幅度却不如上海市（吴福象、朱蕾，2011）。通过对比北京市和上海市的六大支柱产业（电子信息业、金融业、商贸流通业、汽车制造业、成套设备制造业、房地产业）增加值占 GDP 的比重，可以发现，2004年，除了金融业和商贸流通业以外，其他四个支柱产业增加值占 GDP 的比重，北京市均要低于上海市。产业结构的相对滞后，使得北京市无法为高素质人才提供充足的工作机会，导致劳动力，尤其是高素质劳动力并未被充分利用。第二个可能的因素是，北京市的高素质人才过于密集，竞争过度导致了效率损失。深入分析 2004 年北京市的劳动力素质结构可以发现，北京市高级人才非常集中。在全部从业人口中，具有高级技术职称的人员占 4.55%，在所有省、市、自治区中是最高的。高素质劳动力集中在北京市，除了该地区对高素质人才的需求较大以外，其他方面的因素包括，该地区地位特殊、生活水平较高并且各种公共服务资源优越，这促使高素质劳动力过度密集进入该地区，导致高素质劳动力供给远大于需求；其后果是，部分高素质劳动力未能进入与其相适应的工作岗位，其作用也难以完全发挥。第三个可能的因素是，素质层次不同的劳动力的配比关系出现了失调。在特定的经济发展阶段，素质层次不同的劳动力需要分工与合作，各种素质层次的劳动力之间存在着一个最优的配比关系，这个最优的配比关系是由生产技术水平客观决定的。如果各种素质层次的劳动力之间的配置能够达到与生产技术水平相适应的最优配比，则各种素质层次的劳动力都能被最充分的利用；如果各种素质层次的劳动力之间的配置无法达到最优配比，就一定会出现某一素质层次的劳动力利用效率低下的情况。

为了更好地理解这一点，我们将北京市与处于劳动力利用效率前沿面的江苏省以及全国平均的劳动力配比状况进行比较。虽然北京市和江苏省的生产技术水平存在一定差异，但是，北京市和江苏省都是经济发展水平较高的地区，因此，即便两地的生产技术水平存在差异，这种差异也不会很大，两地的劳动力配比具有一定的可比性。2004 年，具有高级技术职称人员数量与具有初级技术职称人员数量的比例，北京市是 0.4∶1，而江苏省是 0.2∶1，全国平均水平也是 0.2∶1；这意味着，与江苏省及全国平均水平相比，北京市的具有高级技术职称人员相对于具有初级技术职称人员过多；具有高级技术职称人员数量与高级技师的数量相比，北京市是 15.9∶1，而江苏省是 7∶1，全国平均水平是 8∶1；这意味着，与江苏省及全国平均水平相比，北京市的具有高级技术职称人员相对于高级技师，比重过大。正是由于北京市高素质劳动力的比例相对过高，而中等素质劳动力的比例相对过低，使得该地区的劳动力配比偏离了最优比例，导致了其劳动力利用效率较低。

3. 不同素质层次的劳动力利用效率

利用公式（12），可以考察不同素质层次的劳动力的利用效率。

（1）不同素质层次的劳动力利用效率：全国平均水平。从全国平均水平来看，在不同技术水平的劳动力群体中，普通劳动者的利用效率最高，其次为具有初级技术职称人员，再次是具有高级技术职称人员，接着是高级技师、具有中级技术职称人员和技师，三者的利用效率基本相等，利用效率最低的是中级工和高级工（见图 6 - 10 和表 6 - 9）。从不同技术水平的劳动力利用效率来看，普通劳动者的利用效率最高，意味着目前中国的产业结构和经济发展水平对普通劳动者需求较大。这从侧面反映了目前中国大部分的生产环节仍然是低技术含量甚至是无技术含量的，仅需要没有经过较多技术培训的普通劳动者就能够完成。具有高级技术职称人员的利用效率较高，说明存在着一定量的需要高端技术，甚至包含有技术创新内容的生产环节。中级工和高级工的利用效率最低，说明生产链条存在一定的断档，需要中等技术含量的生产环节较少。

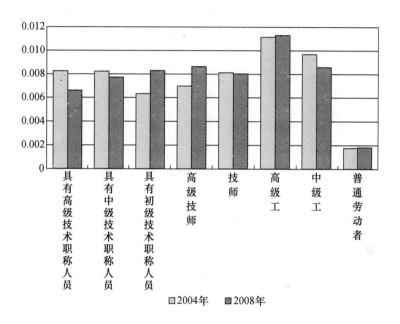

图 6 - 10 不同技术水平的劳动力利用效率损失值

资料来源：笔者计算。

表 6 - 9　　全国各类技术水平劳动力的利用效率损失值（2004 年和 2008 年）

年份	具有高级技术职称人员	具有中级技术职称人员	具有初级技术职称人员	高级技师	技师	高级工	中级工	普通劳动者
2004	0.0083	0.0082	0.0063	0.0070	0.0081	0.0111	0.0097	0.0018
2008	0.0066	0.0077	0.0083	0.0086	0.0080	0.0113	0.0086	0.0018

资料来源：笔者计算。

如果按照受教育程度来计算，则具有大学专科学历的劳动力利用效率最低，具有大学本科、研究生学历的劳动力利用效率相对较低，而具有高中、初中及以下学历的劳动力利用效率相对较高（见图 6 - 11 和表 6 - 10）。这与用技术水平分类的劳动力利用效率相类似，也是低素质水平的劳动力利用效率最高，高素质水平的劳动力利用效率较高，而中等素质水平的劳动力利用效率最低。

这些不同素质层次的劳动力利用效率的差异，从侧面反映了中国生产主要集中在产业链的低端环节，同时也有一部分处于高端生产环节，而处于中端环节的相对较少。从这个角度来看，产业升级的方向应该是从产业链的低端环节不断地过渡到中端环节，同时也进一步保持和扩大高端环节的生产。要想实现这种升级，在劳动力基础方面，应该加大对中等素质劳动力的培养。例如，加大对大专院校、技术院校的投入，以培养更多具有中等技术的劳动力。同时，有意识地通过各种措施提高中等素质劳动力的利用效率。

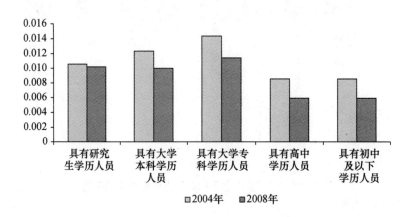

图 6 –11   不同受教育程度的劳动力利用效率损失值

资料来源：笔者计算。

表 6 –10   全国各类受教育程度劳动力的利用效率损失值（2004 年和 2008 年）

年份	具有研究生学历人员	具有大学本科学历人员	具有大学专科学历人员	具有高中学历人员	具有初中及以下学历人员
2004	0.011	0.012	0.014	0.009	0.009
2008	0.010	0.010	0.011	0.006	0.006

资料来源：笔者计算。

（2）不同素质层次的劳动力利用效率：地区差异。劳动力利用效率的省际差异也非常明显（详细测算结果见附表 5 至附表 8）。以 2004 年为例，在东部沿海地区、东北地区的黑龙江与辽宁、西部地区的内蒙古与青海等省、市、自治区，各类素质层次的劳动力的利用效率比较高。多数内陆省、市、自治区各类素质层次的劳动力的利用效率相对较低，除了普通劳动者的利用效率之外，其他技术等级的劳动力的利用效率都低于全国平均水平。

四、劳动力素质及劳动力利用效率的区域差异:综合分析

利用象限图可以综合反映各省、市、自治区的劳动力素质及劳动力利用效率，具体见图6－12至图6－15。其中，纵轴表示劳动力利用效率损失值的全国平均值，横轴表示劳动力素质的全国平均值，横轴与纵轴相交所形成的四个象限分别代表劳动力素质及劳动力利用效率的不同组合情形。

第一类地区位于第四象限，主要包括湖北、黑龙江、内蒙古、宁夏、青海以及一定程度上的辽宁与海南等省、市、自治区。这些地区主要位于东北地区及部分西部地区，这些地区的劳动力素质及劳动力利用效率都比较高。

第二类地区位于第二象限，主要包括山西、河南、安徽以及一定程度上的四川、江西、陕西与贵州等省、市、自治区。这些地区主要位于中部地区，其劳动力素质及劳动力利用效率都比较低。这些地区面临着双重任务：一方面要加快区域内产业升级，以提高劳动力资源的利用效率；另一方面要加快教育事业发展，提高劳动力素质，为本地区的长期经济发展提供人才储备。

第三类地区位于第一象限，主要包括甘肃、云南、新疆、湖南以及一定程度上的北京与贵州等省、市、自治区。这类地区主要位于西部地区，其劳动力素质较高，但劳动力利用效率却相对较低。究其原因，很可能是这些地区的经济发展较慢，产业结构升级相对滞后，难以为高素质劳动力提供充足的发挥其作用的空间。对于这些地区而言，当务之急是加快区域内产业升级，使区域内的劳动力资源，尤其是高素质的劳动力得以充分利用。

第四类地区位于第三象限，主要包括上海、浙江、广东、福建、山东、江苏、河北以及一定程度上的天津等省、市、自治区。这类地区主要位于东部沿海发达地区，其劳动力的平均素质在全国处于较低水平，但劳动力

利用效率却相对较高。这一方面是因为，这些地区的经济发展与产业升级与其他地区相比较快，为高素质劳动力提供了充足的机会；另一方面是因为，这些地区从其他地区，尤其是中西部地区吸引了大量的素质相对较低的劳动力，拉低了本地区的劳动力平均素质。作为全国经济发展最快的地区，这些地区吸收了大量来自其他地区的劳动力，应当担负起促进全国劳动力利用效率提高的任务。因此，对于这些地区而言，一是应加快教育事业发展，提高本地区劳动力的素质，为本地区产业结构升级提供人才储备；二要制定鼓励措施，吸引其他地区，尤其是西部地区未得到充分利用的高素质劳动力，为本地区产业结构升级提供人才保障；三要加快产业结构升级，不仅为本地区，还要为全国的高素质劳动力提供充足的就业机会。

从这些象限图中，可以发现，当前中国劳动力资源与经济发展地区配置不合理的情况比较明显。东部地区经济增长速度较快，应较多地承担产业结构升级的任务，但是，东部地区的劳动力平均素质在全国相对较低，这难以为产业升级提供足够的人才保障；与此同时，中西部地区虽然劳动力素质较高，但由于经济增长相对缓慢、产业结构升级相对滞后，因而劳动力资源得不到充分利用。

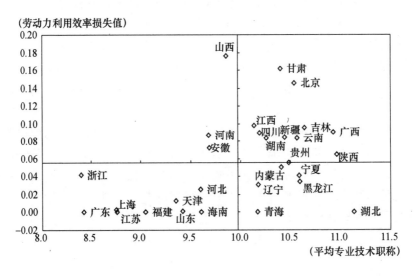

图 6 – 12　平均专业技术职称及考虑专业技术职称后的
劳动力利用效率损失值（2004 年）

资料来源：笔者计算。

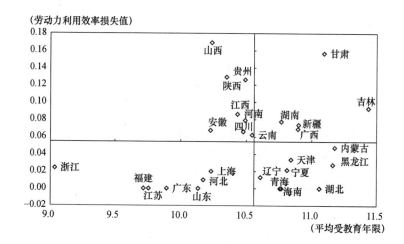

图6-13　平均受教育年限及考虑受教育年限后的
劳动力利用效率损失值（2004年）

资料来源：笔者计算。

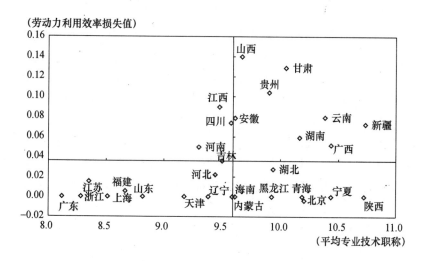

图6-14　平均专业技术职称及考虑专业技术职称后的
劳动力利用效率损失值（2008年）

资料来源：笔者计算。

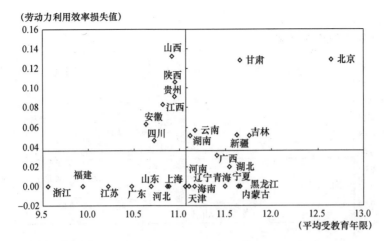

图 6 - 15　平均受教育年限及考虑受教育年限后的劳动力利用效率损失值（2008 年）
资料来源：笔者计算。

五、劳动力利用效率的影响因素分析

为了更好地考察劳动力利用效率与劳动力素质之间的关系，并寻找提高劳动力利用效率的途径，这里将通过计量模型来分析劳动力利用效率的影响因素。为使表述更符合通常的表达习惯，参照王兵等（2010），将劳动力利用效率损失值转换为劳动力利用效率值，具体方法为：$E_L = 1/ (1 + IE_L)$。考虑到劳动力利用效率值位于 0 与 1 之间，这里选择了 Tobit 模型进行回归，基本模型如下：

$$E_L^t = \beta_0 + \beta_1^t Lne^t + \beta_2^t Lnpk^t + \beta_3^t Lnpw^t + u^t \tag{13}$$

式中，t = 2004，2008，上标为 t 的变量分别表示 2004 年与 2008 年的数据或回归系数。e^t 表示劳动力素质，具体表示为 edu 或 tech，前者表示平均受教育程度，后者表示平均专业技术职称。pk 表示人均固定资本存量，由各省的固定资本存量除以从业人数计算而得。pw 表示平均劳动报酬，由各省的劳动报酬除以从业人数计算而得，并利用 CPI（居民消费价格指数）调整为 2000 年不变价。u^t 表示随机误差。我们最初还在模型中纳入 FDI（外商直接投资）表示地区开放度，在 2004 年的回归方程中纳入城市从业人数中农村劳动力的比重来表示劳动力流动水平（2008 年经济普查并未提供相应的统计数据），但结果显示，这两个变量的回归系数并不显著，因此在后文的报告中并未加入这两个变量。

为了考察产业结构对劳动力利用效率的影响，在式（13）中加入第二产业比重、第三产业比重作为解释变量，具体表示如下：

$$E_L^t = \beta_0 + \beta_1^t Lne^t + \beta_2^t Lnpk^t + \beta_3^t Lnpw^t + \beta_4^t ind_2 + \beta_5^t ind_3 + u^t \qquad (14)$$

式中，ind_2 与 ind_3 分别表示各省份第二产业与第三产业在 GDP 中占的比重。

为了考察劳动力利用效率的地区差异，在式（13）中加入地区虚拟变量及其与劳动力素质的交互项，具体表示如下：

$$E_L^t = \beta_0 + d_1 + d_2 + d_3 + \beta_1^t Lne^t + \beta_2^t Lnpk^t + \beta_3^t Lnpw^t + \beta_4^t d_1 Lne^t +$$
$$\beta_5^t d_2 Lne^t + \beta_6^t d_3 Lne^t + u^t \qquad (15)$$

式中，d_1、d_2 与 d_3 分别表示西部地区、中部地区与东部地区。

为了使回归结果更具稳健性，同时将劳动力利用效率损失值 IE_L 作为被解释变量进行回归，各变量的回归系数符号基本上与 E_L 作为被解释变量时的回归系数符号呈相反关系，这说明回归结果比较稳健。这里主要报告解释变量为 E_L 的回归结果。

式（13）的回归结果见表 6 – 11。无论是 2004 年还是 2008 年，无论是以按平均受教育程度计算的劳动力利用效率值 E-edu，还是以按平均技术水平计算的劳动力利用效率值 E-tech 作为被解释变量，劳动力素质的回归系数均为负且非常显著；这说明，劳动力素质越高，劳动力利用效率反而越低。人均固定资本存量的回归系数为正，在 2004 年以及在 2008 年以按平均技术水平计算的劳动力利用效率值作为被解释变量时显著，显然，这一结果符合经济理论。平均劳动报酬的回归系数为正，并且在以按平均受教育程度计算的劳动力利用效率值作为被解释变量时显著，说明提高劳动报酬是提高劳动力利用效率的途径之一。

式（14）的回归结果见表 6 – 12。与式（13）的回归结果相比，劳动力素质、人均固定资本存量及平均劳动报酬的回归系数符号并未发生明显变化，但产业结构的回归系数并不显著，这可能是因为，目前的产业结构升级并没有使劳动力资源的利用效率显著提升。

式（15）的回归结果见表 6 – 13。人均固定资本存量的回归系数显著为正，平均劳动报酬的回归系数为正，但不显著。在多数回归结果中，劳动力素质的回归系数显著为负，表明劳动力素质与劳动力利用效率负相关。d_1 与 d_2 显著为负，说明在不考虑解释变量的作用时，西部地区与中部地区的劳动力利用效率要低于东部地区。在以按平均受教育程度计算的劳动力利用效率值 E-edu 作为被解释变量时，d_1 和 d_2 与平均受教育程度的交互项回归系数显著为正，并且回归系数的绝对值要大于平均受教育程度回归系数的绝对值，这说明，在西部地区与中部地区，平均受教育程度的增加有助于劳动力利用效率的提高。

表 6 - 11 回归结果——基本模型

	E - edu 2004	E - tech 2004	E - edu 2008	E - tech 2008
Lnedu	-0.4539***		-0.4437***	
	(-3.73)		(-3.31)	
Lntech		-0.2875***		-0.2805***
		(-3.68)		(-3.18)
Lnpk	0.0952**	0.1135***	0.0559	0.0622*
	(2.35)	(2.91)	(1.45)	(1.66)
Lnpw	0.0890*	0.0146	0.0957*	0.0740
	(1.91)	(0.33)	(1.76)	(1.49)
Constant	1.6639***	1.2906***	1.7362***	1.3104***
	(5.99)	(6.73)	(6.16)	(7.42)

注：括号内为 t 检验值；*** 表示估计系数在 1% 水平上显著；** 表示估计系数在 5% 水平上显著；* 表示估计系数在 10% 水平上显著。

表 6 - 12 回归结果——考虑产业结构因素

	E - edu 2004	E - tech 2004	E - edu 2008	E - tech 2008
Lnedu	-0.4660***		-0.6240**	
	(-3.05)		(-2.16)	
Lntech		-0.3564***		-0.2978
		(-3.36)		(-1.68)
Lnpk	0.0976*	0.1310**	-0.0055	0.1158
	(1.93)	(2.70)	(-0.07)	(1.46)
Lnpw	0.1526**	0.0416	0.3089**	0.0954
	(2.37)	(0.67)	(2.55)	(0.89)
ind_2	0.1956	0.0303	0.4637*	0.3590
	(1.43)	(0.21)	(2.06)	(1.47)
ind_3	-0.0791	-0.1902	0.0933	0.5455
	(-0.57)	(-1.36)	(0.50)	(1.64)
Constant	1.5543***	1.4317***	1.8618***	0.7871
	(4.04)	(4.52)	(2.95)	(1.52)

注：括号内为 t 检验值；*** 表示估计系数在 1% 水平上显著；** 表示估计系数在 5% 水平上显著；* 表示估计系数在 10% 水平上显著。

表 6 – 13　　　　　　　　回归结果——考虑地区因素

	E – edu 2004	E – tech 2004	E – edu 2008	E – tech 2008
Lnedu	– 0. 5630 ***		– 0. 5398 ***	
	(– 4. 59)		(– 4. 30)	
Lntech		– 0. 5075 ***		– 0. 2020
		(– 4. 02)		(– 1. 57)
Lnpk	0. 1241 ***	0. 1320 ***	0. 0830 **	0. 0992 ***
	(3. 31)	(3. 44)	(2. 41)	(2. 86)
Lnpw	0. 0268	– 0. 0095	0. 0568	0. 0161
	(0. 71)	(– 0. 26)	(1. 28)	(0. 38)
d_1	– 1. 7971 **	– 1. 2419	– 1. 6660 **	– 0. 8750 *
	(– 2. 16)	(– 1. 44)	(– 2. 31)	(– 1. 65)
d_2	– 3. 1246 ***	– 2. 2392 ***	– 2. 9753 ***	– 1. 3716
	(– 3. 40)	(– 4. 04)	(– 2. 90)	(– 1. 63)
d_3	0. 7229	0. 6863	– 0. 0791	– 2. 4824 *
	(0. 63)	(0. 40)	(– 0. 05)	(– 1. 68)
d_1Lnedu	0. 7492 **		0. 6770 **	
	(2. 14)		(2. 27)	
d_2Lnedu	1. 3265 ***		1. 2332 ***	
	(3. 40)		(2. 88)	
d_3Lnedu	– 0. 2883		0. 0387	
	(– 0. 60)		(0. 06)	
d_1Lntech		0. 5372		0. 3614
		(1. 45)		(1. 56)
d_2Lntech		0. 9778 ***		0. 5854
		(4. 04)		(1. 57)
d_3Lntech		– 0. 2736		1. 0919 *
		(– 0. 38)		(1. 67)
Constant	1. 9185 ***	1. 7575 ***	1. 9393 ***	1. 1091 ***
	(7. 17)	(6. 63)	(6. 95)	(4. 45)

注：括号内为 t 检验值；*** 表示估计系数在 1% 水平上显著；** 表示估计系数在 5% 水平上显著；* 表示估计系数在 10% 水平上显著。

　　综合上述发现，可以形成下述推测：部分由于中西部地区的素质较低的劳动力向东部沿海发达地区转移，中西部地区的劳动力素质要高于东部地区的劳动力素质。但是，由于中西部地区的经济发展相对较慢、产业结构升级相对滞后，因而高素质的劳动力资源并未得到充分利用。东部地区正好相反，由于产业升级与其他地区相比较快，因而各类劳动力，尤其是高素质劳动力得到了充分利用。但是，东部地区的劳动力平均素质相对较低，这可能已经阻碍了其产业结构升级。

第七章 中国现阶段劳动力与产业升级的相互作用

从现阶段企业和行业中存在的问题来看，中国目前已经发展到劳动力与产业升级相互促进且相互制约的阶段了。在当前阶段，中国企业已经进行了一定程度的产业升级，由此引致的需求已经培养了一部分技术人才。但是，中国企业进行升级的程度还不够，因此，一方面，企业没有足够的利润空间为技术型劳动力提供具有吸引力的工资；另一方面，由需求引致的技术型人力供给也还不充分。中国企业只有继续进行产业升级，才能获得更多的利润空间和促进更多的技术人才供给。

第一节 新问题的出现：有订单却招聘不足

近年来，中国的生产企业开始面临一个新的问题：不同于过去愁于接不到订单无法生产，现在的部分企业则是有订单却招聘不到足够多合适的劳动力来进行生产。这种情况又可以分为两大类型：第一种，有订单却招聘不到足够的普通劳动者；第二种，有订单却招聘不到足够的技术人员。其中，第一种情况与中国"民工潮"的流动时间特性有关，一般只发生在春节过后较短的一段时期内，经过短期的市场搜寻和匹配后，问题普遍可以得到解决，因此不是本书分析的内容。第二种情况，则是近年来持续存在的新问题，是对中国企业转型升级到一个新的历史阶段的反映，本章将对此进行深入的分析。

在对企业的调研和问卷调查中，我们发现，由于招聘不到足够的技术型劳动力而不敢接下生产订单的情况并不罕见，工程师供不应求是普遍存在的问题。技术型人才和设计型人才的缺乏，在服装鞋帽制造业、汽车制造业、软件信息业等行业中非常突出。许多企业都表示，技术型人才缺乏，对企业丰富产品体系、开拓新市场、扩张公司规模形成了"瓶颈"制约。不仅是生产性行业，对于服务行业而言，这种情况也很明显。中国服务贸易协会专家委员会曾指出，技能型人才供应不足是制约我国服务业发展的突出问题。[1]

全球人力资源服务公司 Manpowgroup 的调查报告《2011 年人才短缺调查全球结果》[2]，对上述问题的出现提供了证据。该报告的数据显示，相较于 2010 年同期，中国的受访雇主认为，人才短缺数大幅激增。在亚太地区，业务代表、技术人员、工人、工程师、财务和会计人员、研发人员、IT 技术人员、高级管理人员、技术工匠、业务经理是招聘最困难的前十大职位。

技术型劳动力，尤其是高级技术型劳动力的短缺，预示着中国的产业发展已经进入了一个新的历史阶段：中国企业对技术的需求正变得越来越大。

第二节　分析基础：全球竞争的作用机制

上述新问题主要产生在竞争较充分的行业，如服装制造业、软件制造业、汽车制造业等。当今企业所面临的竞争，已经是国际化的竞争，因此，对上述新问题的分析必须置于全球视野之中。

随着全球经济一体化的深化，产品生产的各个分工环节已经被分散和扩展到了不同的国家和地区。从产品的全球价值链来看，从高到低，参与其中的国家（地区）和厂商数目由少至多，竞争程度也会不断增大，企业获得的产品附加值会由多变少。

在全球价值链的高端，通常是产品研发和设计、先进技术的创新环节，以及部分高精密零部件生产环节。能够参与到这个环节中的国家（地区）和厂商比较少，通常为发达国家中的设计能力和技术研发能力较强的生产

---

① 李林刚：《补齐人才短板，服务外包人才培养联盟成立》，http://news.xinhuanet.com/2011-06/11/c_121521398.htm，2011 年 6 月 11 日。

② 具体内容参见 http://cn.manpowergroup.com/。

商，以及生产技术较先进的生产商。这些厂商通常能够获得很高的产品附加值，其来源主要有两个方面：第一，产品研发设计、技术创新、高精密零部件生产等活动本身的性质决定了产品的高附加值。从劳动方面来看，产品研发设计、技术创新、高精密零部件生产等活动本来就是复杂程度非常高的生产活动，相应地会要求很高的劳动补偿。从资本投入来看，由于产品设计和技术创新本身的不确定性，研发投入的风险性比较高，因而资本也会要求较高的利润补偿。第二，垄断利润的存在进一步提高了产品附加值。在产品研发设计、技术创新、高精密零部件生产的环节，由于技术要求的门槛较高，因而参与者少，其竞争程度相对较弱，垄断程度相对较强。因此，这些参与厂商除了能够获得正常利润外，还可以获得一部分超额垄断利润，从而进一步提高了产品附加值。对于大多数产业而言，处于全球价值链高端的通常是美国、德国、英国、日本等发达国家的企业。

在全球价值链的中端，通常是复杂程度较低的产品研发，或者是中等复杂程度的生产，或者是两者相结合的环节。处于这些环节中的生产商已经积累了一定程度的技术要素和资本要素：具备符合一定技能要求、相对熟练的劳动力，能够从事相对复杂的劳动操作，或者从事复杂程度相对较低的产品设计；具备相对先进的生产设备，能提高生产效率并为复杂产品的生产提供设备支持；具备相对较充足的资本，能够较好地享受到规模化生产带来的成本下降，并为产品研究积累资金。在这些生产环节中，由于技术壁垒和资本壁垒都相对较低，因而在全球经济范围内能够进入的厂商相对较多，例如中国、中国台湾、新加坡、韩国等国家和地区的部分厂商。参与者众多，竞争程度也相对加剧，这些厂商很难再享受到垄断利润，只能获得平均利润，这些厂商所获得的产品附加值，只取决于所从事的生产环节的复杂程度，因此也要相对低于处在全球价值链高端环节的厂商所获得的产品附加值。

在全球价值链的低端，通常只有产品的组装和加工等简单的生产环节，几乎不涉及产品的研发活动。在这些生产环节中，由于技术含量很低，因而，对劳动力和资本的要求都非常低。在劳动力方面，即便是未受过什么教育的劳动力，只要经过较短时间的训练就能从事生产；在资本方面，规模化并不明显，小作坊、小工厂式的生产也能够找到生产空间。在这些环节中，不存在技术壁垒和资本壁垒，任何厂商均能进入，因此，这些环节的竞争程度是最激烈的。在这些环节中，最主要的竞争优势来自低成本，即劳动力的工资必须处于全球较低水平，自然资源等基础生产资料的价格也处于全球较低水平。这些环节中的生产商，其获得的产品附加值是最低的，而且由于竞争程度非常激烈，生产商必须注重保持低成本，这导致了要素报酬难以上升，利润空间也非常小。一般来说，进入这些生产环节的，多为对外开放初期的发展中国家的生产商，例如越南、柬埔寨、老挝等东南亚国家和一些非洲国家的部分厂商。

第三节　问题的实质：中国企业的升级还远远不够

根据上面的分析，中国企业基本上处于全球价值链的中低端，虽然已经实现了一定程度的技术升级，但是，产业升级的程度还远远不够。这是一系列问题产生的根本原因，这部分将对此进行深入分析。

1. 部分中国企业已经实现了一定程度的产业升级，由此产生了对技术型劳动力的大量需求

经过三十多年的改革开放，中国参与全球经济的深度和广度都在增加。有一部分中国企业已经在前期的组装加工、代工生产等过程中积累了大量的经验和资本，不再满足于仅处于低附加值的低端生产环节，而是开始不断地向全球价值链的中端环节攀升，从事带有较高技术含量的生产，并开始涉及产品研发环节。这样的企业在中国已经越来越多，其涉及的行业也越来越广泛。例如，在纺织服装行业中，许多企业都已经升级到了全球价值链的中端，不仅从事纺织品服装的生产，也从事产品的设计。软件行业也是如此，在经历了软件外包阶段之后，致力于自主研发的软件企业不断增加，如金蝶、用友等管理软件已经获得了较高的市场占有率，各种自主设计的行业应用软件也得到了较快发展。

在这个过程中，资本不再是最大的制约，具备相应技术的劳动力成为了关键因素。因为，全球价值链中端环节的生产特征，是中等复杂程度的劳动和复杂程度较低的产品研发活动，这些活动不是仅靠生产机器就能完成的，必须要有熟练的技术型劳动力以及一定数量的研发设计人员才可以完成。例如，由于产业升级和"云计算"等先进技术的出现，许多与信息处理有关的企业都加大了对核心技术的投入，无论是技术层面，还是运营

商层面、集成与服务提供层面，对高精尖人才的需求都非常大。因此，随着中国企业由全球价值链的低端向中端升级，中国企业对技术型劳动力的需求也随之大量增加。

这在图7－1中表现为，当企业由价值链的低端升级到中端后，企业对劳动力的需求曲线也会相应地改变，由$D_{低端}$变成了$D_{中端}$。对比两条需求曲线可以看到，企业在价值链低端时，对普通劳动力的需求相对较多，对技术型劳动力的需求相对较少。当企业升级到价值链中端后，对普通劳动力的需求相对减少，对技术型劳动力的需求相对增加。

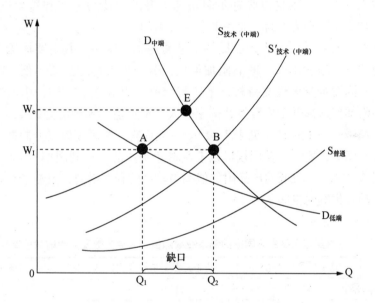

图7－1　产业升级下的劳动力供求关系分析

2. 企业升级程度还远远不够，没有足够的利润空间为技术型劳动力提供更高的劳动报酬，因此难以招聘到足够的技术人才

虽然，中国企业对于技术型劳动力的需求增加了，但是该类劳动力供给增长的速度显然没有需求增长的速度快，技术型劳动力处于供不应求的状态，因此，许多已经升级了的企业，便遇到了"有订单但招不到人"的情况。

招不到劳动力，从表面上看，是由于企业能够给予的工资水平过低了，无法吸引到足够多的技术水平和素质水平相对较高的劳动力。近年来，对于技术水平和素质水平较高的劳动力而言，生产和再生产的成本是在快速提高的。劳动力赖以生存的必要生活资料的价格正在不断快速上涨，其中，最明显的就是住房，在1999～2008年这十年间，70个大中城市的房屋销售价格指数上涨了60.3个百分点；同期，包括食品等在内的居民消费价格指数则上涨了90.5个百分点。对于技术型劳动力而言，接受高等教育的成本上升也非常快。自从高等教育进行产业化的改革以后，以完成大学本科的受教育程度来计算，由劳动力自身承担的成本从无到有，近年来的增长幅度也不小，由此也相应地提高了作为工资基础的劳动力生产的成本。因此，过低的工资水平，不足以弥补不断快速上升的劳动力生产和再生产成本，这对于技术型劳动力而言，是不具备吸引力的。

从本质上来看，企业无法提供足够高的工资水平，其主要原因是，由于企业的升级程度不够，产品附加值低，劳动力人均增加值率低，利润空间较小，因而企业无法支持较高的工资水平。以制造业为例，中国制造业的产品附加值远远低于主要发达国家，人均增加值率不到美国的1/3，仅为日本、德国的一半左右（见表7－1）。一般而言，中国规模以上制造业企业的销售利润率，要低于美国规模以上制造业企业的销售利润率1～2个百分点（见表7－2）。较低的产品附加值率与较小的利润空间，限制了企业用于支付劳动者报酬的空间。

表7－1　　中国与主要发达国家的制造业增加值、从业人数及人均增加值率比较

国家	增加值（亿美元）	从业人数（万人）	人均增加值率（万美元/人）
中国	14922.0	3434.3	4.3
日本	9230.8	1198.0	7.7
美国	17556.0	1185.6	14.8
德国	7111.0	839.5	8.5

注：中国的数据为2008年的，其余国家的数据均为2007年的。
资料来源：《国际统计年鉴》（2010）。

表7－2　　中国与美国制造业规模以上企业的销售利润率比较　　单位：%

	2000年	2005年	2006年	2007年	2008年	2009年
美国企业销售利润率	6.05	7.41	8.13	7.31	5.74	5.53

续表

	2000 年	2005 年	2006 年	2007 年	2008 年	2009 年
中国企业销售利润率	3.81	4.54	4.74	5.65	5.03	5.95
中国企业与美国企业的差距	2.24	2.87	3.39	1.66	0.71	-0.42

资料来源：美国企业的数据来自《美国统计年鉴》，中国企业的数据根据制造业中各子行业的销售
　　利润率经销售产值加权调整计算而得。

正如上文分析的，中国企业基本上处于全球价值链的中端，一方面，所获得的产品附加值本身并不高，由此带来的利润空间也相应较小；另一方面，由于进入的壁垒较低，竞争者众多，企业也需要注重控制成本，因而，企业无法大幅提升技术型劳动力的工资。这就导致了升级后的企业，也只能承受一个并不算很高的工资水平。从招聘困难、人才不足的现状来看，这个工资水平还未达到能够实现供需均衡的状态。

这表现在图 7-1 中，升级后的企业对技术型劳动力的需求曲线 $D_{中端}$，与技术型劳动力的供给曲线 $S_{技术(中端)}$ 的交点为 E 点，均衡的工资水平为 W_e。但是，目前企业的获利能力无法支持 W_e 水平的工资，而只能提供 W_I 水平的工资，在这个工资水平上，技术型劳动力的供给数量只有 Q_1，未达到升级企业需要的 Q_2 数量的技术型劳动力，产生了 Q_1Q_2 的劳动力缺口。

3. 技术型劳动力本身的供给和生产也与中国企业的升级程度及特点有关

不同技术水平和素质水平的劳动力供给，与中国的产业升级程度密切相关。当绝大多数企业都处于全球价值链低端的时候，由相应的生产性质和劳动性质决定，企业对劳动力的需求主要集中在普通劳动者。

在企业向价值链高端升级的过程中，随着业务的不断拓展、参与产品生产环节的不断提升，需要劳动力的技术水平也有所提升。在这种需求下，劳动力供给便会做出相应的调整。由于技术型劳动力的工资水平高于普通劳动力的工资水平，因而一部分有能力的劳动力或潜在劳动力就会努力提高自身的技术水平，这或者是通过接受正规教育的途径，或者是通过在工作中不断积累经验、学习新技术的途径来实现。由于某些技术在某个阶段的需求较大，因而具备这些技术的劳动力的工资水平就会更高一些，由此又会吸引新的劳动力来学习相应的技术。这种技术型劳动力供给随着市场需求而转变的过程，在中国改革开放的进程中是非常明显的。但是，技术型劳动力的培养与企业需求的产生之间，通常存在着一段滞后期。这是因

为，一般来说，劳动力的供给方甄别出需求较大的技术类型，并进行相应的学习、熟练和掌握，往往需要一段相对较长的时间。例如，当中国企业对电子信息技术的需求增大到一定程度时，许多高等学校就会顺应市场需要而开设相关专业，招收学生进行培养。仅仅是培养出本科毕业的劳动力这个过程，就需要至少4年的时间，这还不包括市场甄别出需求较大的技术类型的时间。因此，技术型劳动力的充分供给，往往滞后于市场对新技术劳动力产生需求的时间。

在中国企业不断升级的过程中，逐渐地培养了一定数量的技术型劳动力，为企业的进一步升级积累了一定的劳动力基础。因此，有部分招聘到了这些技术水平较高的劳动力的企业，就可以参与到更高端、更复杂、附加价值更高的生产环节中去。

但是，中国目前培养的技术型劳动力的数量还远远不够。这是因为：第一，中国企业升级到全球价值链中端的时间还不长，参与的广度和深度还不够，中国对技术型劳动力的需求还没有长期保持在一个量非常大的阶段。第二，如前文所述，技术型劳动力的培养与企业需求产生之间存在着一个滞后期，中国目前还处于这个滞后期内，还没有培养出足够多能满足企业需求的技术型劳动力。

然而，目前这种技术型劳动力供小于求的状况，恰恰会加速潜在普通劳动力转化为技术型劳动力的过程。当技术型劳动力持续增加时，会进一步促进企业升级，企业对中端技术型劳动力的需求会逐渐得到满足。

在图7-1中，当前技术型劳动力的供给曲线为 $S_{技术(中端)}$。在这个供给曲线下，以中国企业目前能够承受的工资水平来看，还无法达到供需平衡。当企业升级继续进行并推动更多的潜在普通劳动力转化为技术型劳动力时，技术型劳动力的供给曲线就会向右平移至 $S'_{技术(中端)}$ 的位置，即技术型劳动力的供给会普遍增加。那时，即便是在 W_I 的工资水平下，企业也能获得足够的中端技术型劳动力，企业招聘技术型劳动力的困难将会得到缓解。

综合上述分析可见，中国企业目前存在的有订单却招聘不到足够多技术型劳动力进行生产的新情况，恰恰说明了中国已经处于劳动力与产业升级相互促进且相互制约的阶段。一方面，中国企业已经实现了一定程度的产业升级，企业在这个过程中使用新技术以及参与产品设计、技术开发等活动，引发了对技术型劳动力的大量需求。但是，另一方面，企业的升级程度又还远远不够，中国企业整体上只处于全球价值链的中端环节，获得的产品附加值仍然有限，相对狭小的利润空间使得企业能够为技术型劳动力提供的报酬水平相对较低，因此难以吸引到足够多的高技术劳动力。另外，由于技术型劳动力的供给相对滞后于企业对新技术的需求，因而，目前由产业升级的需求引致的技术型人力供给也还不充分。但是，相信随着中国产业升级的继续推进，潜在普通劳动力转化为技术型劳动力的过程会不断加快，技术型劳动力的供给将会逐渐大幅增加。

因此，中国企业应对这种有订单而技术人才招聘不足的新问题的解决之道，应该是依然坚持企业升级，以升级来换取更大的利润空间。在全球竞争的背景下，企业只有不断升级，不断向全球价值链的高端攀升，才能获得更大的利润空间和获得更多的技术人才，从而保持长久的竞争力。

同时，中国企业应该更多地承担起培养劳动力、进一步提升劳动力素质的责任，通过企业自身对劳动力的培训来获取更多的高技术水平和高素质水平的劳动力，摆脱有订单而无技术人才的困境。

第八章 结论及建议

一、主要结论

本书的研究主要得出了以下结论：

一个国家劳动力素质的提升、劳动力素质结构的优化，有利于促进产业升级，但其前提是各素质层次的劳动力都得到了充分有效的利用。中国目前已经处于劳动力与产业升级相互促进且相互制约的阶段，应该继续推进产业升级，以升级的需求来推进技术型高素质劳动力的供给，并以高素质劳动力来确保产业升级的实现。

首先，中国劳动力素质确实有了大幅提高，劳动力素质结构也有很大程度的优化。这为中国的产业结构升级奠定了最重要的劳动力基础。

其次，通过对美国、爱尔兰等国家发展经验的总结，可以发现，这些国家都有效地把握住了劳动力结构变化的契机，适时大力推进产业结构升级，再利用产业结构升级的要求进一步完善劳动力的素质结构，形成了劳动力结构与产业升级的良性促进。

对上千家企业的问卷调查以及对典型企业的案例分析发现，从微观企业层面上看，劳动力素质结构的优化确实成为企业升级的重要拉动力量，一方面，具有充足的高知识、高技术水平劳动力的企业，较快实现了升级；另一方面，技术型劳动力缺乏，已经成为当前许多企业进行转型升级、提升产业链环节的最主要的限制因素。这些分析表明，产业升级与劳动力素质提升、产业升级与劳动力素质结构的优化之间，确实是存在着匹配性的。

但是，通过对中国宏观产业结构的分析发现，中国的产业升级还比较缓慢，产业结构仍然比较落后。中国当前的产业结构升级还远远滞后于劳动力素质结构的优化。产业结构升级与劳动力素质结构优化之间的矛盾，在于我国劳动力素质的利用效率较低。

通过利用 2004 年与 2008 年全国经济普查中的劳动力素质数据，使用基于包含劳动力素质的 SBI 法，测算了中国 29 个地区素质层次不同水平的劳动力的利用效率，发现：①与未考虑劳动力素质的情形相比，在考虑了劳动力素质因素后，大部分地区的劳动力利用效率下降。②从不同素质层次的劳动力来看，按全国平均水平衡量，素质相对较低的普通劳动者的利用效率较高，而素质相对较高的劳动力利用效率相对较低。③分地区来看，在考虑了劳动力素质因素后，西部地区的劳动力利用效率相对较低，东部地区与中部地区的劳动力利用效率相对较高。④进一步的计量检验发现，劳动力素质越高，劳动力利用效率反而越低；增加人均固定资本存量、增加劳动报酬是提高劳动力利用效率的途径之一；在西部地区与中部地区，平均受教育程度的增加有助于劳动力利用效率的提高。

正是由于高素质劳动力的利用效率较低，使得高素质劳动力无法充分发挥作用。尤其是以技术工人为代表的高素质劳动力的利用效率偏低，限制了应用先进生产技术来促进产业升级的作用。

最后，本书还分析了部分企业遇到的新问题，即有订单却招聘不到足够多合适的技术型劳动力进行生产。这恰恰说明中国已经进入了劳动力与产业升级相互促进又相互制约的阶段：在当前阶段，中国企业已经进行了一定程度的产业升级，由此引致的需求培养了一部分技术人才，但升级程度还不够。因此，一方面，企业没有足够的利润空间为技术型劳动力提供具有吸引力的工资；另一方面，由需求引致的技术型人力供给也还不充分。中国企业只有继续进行升级，才能获得更多的利润空间和促进更多的技术人才供给。

二、相关政策建议

综合上述分析可见，目前，我国的劳动力素质提升与产业升级之间的匹配并不良好。一方面，中国劳动力素质提升对产业升级的促进作用并未得到体现；另一方面，产业升级的程度还远远不够，企业没有足够的利润空间吸引更多的技术型劳动力，未能进一步促进高素质劳动力供给大幅提升。

针对第一个方面的问题，中国需要尽快提高各种素质水平的劳动力的利用效率，尤其是提高高级技术工人的利用效率，才能充分发挥高素质劳动力对产业升级的促进作用。对于如何提升劳动力的利用效率，本书的研究表明，我国劳动力资源的空间分配与经济发展的区域格局并不完全匹配，这是劳动力资源不能得到充分利用（尤其是中西部地区）的主要原因之一。因此，促进劳动力资源与经济发展的空间匹配是同时促进劳动力利用效率提高与产业结构升级的有效途径之一。具体而言，可以从以下五个方面入手：①加快资本深化，增加劳动报酬，提高劳动力利用效率。②继续促进劳动力的跨地区流动，进一步消除劳动力，尤其是高素质劳动力在全国范围内流动的障碍。③中西部地区应充分利用本地区高素质劳动力相对较多的优势，加快促进该地区的产业升级。④加快产业结构的地区转移，鼓励东部地区企业到中西部地区投资建厂。⑤东部地区应加快产业结构升级，不仅为本地区，而且要为全国的高素质劳动力提供更多的机会。

针对第二个方面的问题，中国企业应该继续坚持产业升级的方向，以升级来换取更大的利润空间，从而获得雇佣更多技术人才的能力，以保持长久的竞争力。同时，中国企业还应该更多地承担起培养劳动力、进一步提升劳动力素质的责任，通过企业自身对劳动力的培训来获取更多的高技术水平和高素质水平人才，摆脱技术型劳动力的招聘困境。

附　　录

附表1　　　　　　　　　2004 年各地区从业人员受教育情况

地区	人数总量（万人）						各程度从业人员占从业总人数的比重（%）				
	从业人员总数	具有研究生学历人员	具有大学本科学历人员	具有大学专科学历人员	具有高中学历人员	具有初中及以下学历人员	具有研究生学历人员	具有大学本科学历人员	具有大学专科学历人员	具有高中学历人员	具有初中及以下学历人员
北京市	697.03	25.52	120.02	126.89	216.41	208.19	3.66	17.22	18.20	31.05	29.87
天津市	330.68	2.82	34.89	50.82	125.76	116.39	0.85	10.55	15.37	38.03	35.20
河北省	963.40	4.13	68.79	152.13	317.27	421.08	0.43	7.14	15.79	32.93	43.71
山西省	628.54	2.52	43.59	101.91	212.46	268.06	0.40	6.94	16.21	33.80	42.65
内蒙古自治区	306.81	1.35	29.50	66.24	113.08	96.64	0.44	9.62	21.59	36.86	31.50
辽宁省	838.09	8.72	86.58	162.06	235.58	345.15	1.04	10.33	19.34	28.11	41.18
吉林省	383.12	3.84	48.58	75.77	143.48	111.45	1.00	12.68	19.78	37.45	29.09
黑龙江省	532.97	4.12	57.67	104.25	196.35	170.58	0.77	10.82	19.56	36.84	32.01
上海市	910.30	16.05	88.09	123.62	271.95	410.59	1.76	9.68	13.58	29.87	45.10
江苏省	1882.67	8.51	110.42	225.87	636.30	901.57	0.45	5.87	12.00	33.80	47.89
浙江省	1570.17	5.58	78.67	150.13	424.58	911.21	0.36	5.01	9.56	27.04	58.03
安徽省	626.03	3.22	47.18	98.41	207.26	269.96	0.51	7.54	15.72	33.11	43.12
福建省	675.96	2.68	43.07	84.62	214.10	331.49	0.40	6.37	12.52	31.67	49.04
江西省	462.07	1.87	34.46	75.68	165.84	184.22	0.40	7.46	16.38	35.89	39.87
山东省	1784.24	7.49	133.64	253.20	611.11	778.80	0.42	7.49	14.19	34.25	43.65
河南省	1205.16	4.37	80.63	206.49	447.22	466.45	0.36	6.69	17.13	37.11	38.70
湖北省	714.17	7.02	70.68	136.98	262.83	236.66	0.98	9.90	19.18	36.80	33.14

地区	人数总量（万人）						各程度从业人员占从业总人数的比重（%）				
	从业人员总数	具有研究生学历人员	具有大学本科学历人员	具有大学专科学历人员	具有高中学历人员	具有初中及以下学历人员	具有研究生学历人员	具有大学本科学历人员	具有大学专科学历人员	具有高中学历人员	具有初中及以下学历人员
湖南省	734.21	4.64	60.9	140.57	260.31	267.79	0.63	8.29	19.15	35.45	36.47
广东省	2318.73	15.95	142.99	288.08	796.55	1075.16	0.69	6.17	12.42	34.35	46.37
广西壮族自治区	407.29	2.38	32.36	81.99	149.67	140.89	0.58	7.95	20.13	36.75	34.59
海南省	98.91	0.64	8.87	16.50	37.40	35.50	0.65	8.97	16.68	37.81	35.89
四川省	1287.65	8.29	111.05	230.16	412.80	525.35	0.64	8.62	17.87	32.06	40.80
贵州省	277.60	0.85	24.01	56.52	83.21	113.01	0.31	8.65	20.36	29.97	40.71
云南省	375.70	1.87	31.20	66.44	116.21	159.98	0.50	8.30	17.68	30.93	42.58
陕西省	474.12	3.75	43.24	92.90	182.30	151.93	0.79	9.12	19.59	38.45	32.04
甘肃省	310.46	1.53	23.66	59.25	114.71	111.31	0.49	7.62	19.08	36.95	35.85
青海省	69.89	0.36	6.13	14.35	23.49	25.56	0.52	8.77	20.53	33.61	36.57
宁夏回族自治区	87.25	0.44	9.08	17.77	28.46	31.50	0.50	10.41	20.37	32.62	36.10
新疆维吾尔自治区	281.55	1.32	28.03	70.53	87.38	94.29	0.47	9.96	25.05	31.04	33.49

附表2　　　　　　　　**2008年各地区从业人员受教育情况**

地区	人数总量（万人）						各程度从业人员占从业总人数的比重（%）				
	从业人员总数	具有研究生学历人员	具有大学本科学历人员	具有大学专科学历人员	具有高中学历人员	具有初中及以下学历人员	具有研究生学历人员	具有大学本科学历人员	具有大学专科学历人员	具有高中学历人员	具有初中及以下学历人员
北京市	793.87	44.68	188.49	161.66	218.11	180.92	5.63	23.74	20.36	27.47	22.79
天津市	441.04	8.37	64.27	76.88	130.04	161.47	1.90	14.57	17.43	29.49	36.61
河北省	1104.99	9.50	118.92	197.61	345.63	433.34	0.86	10.76	17.88	31.28	39.22
山西省	664.72	5.69	79.04	131.41	202.30	246.28	0.86	11.89	19.77	30.43	37.05

地区	人数总量（万人）						各程度从业人员占从业总人数的比重（%）				
	从业人员总数	具有研究生学历人员	具有大学本科学历人员	具有大学专科学历人员	具有高中学历人员	具有初中及以下学历人员	具有研究生学历人员	具有大学本科学历人员	具有大学专科学历人员	具有高中学历人员	具有初中及以下学历人员
内蒙古自治区	433.54	4.55	65.20	100.55	138.60	124.64	1.05	15.04	23.19	31.97	28.75
辽宁省	1030.78	20.77	145.58	207.36	284.18	372.90	2.01	14.12	20.12	27.57	36.18
吉林省	471.43	8.86	75.97	100.41	154.49	131.69	1.88	16.12	21.30	32.77	27.93
黑龙江省	644.14	11.26	95.93	134.36	217.78	184.81	1.75	14.89	20.86	33.81	28.69
上海市	1041.22	24.84	144.44	169.38	290.71	411.85	2.39	13.87	16.27	27.92	39.55
江苏省	2708.72	23.71	227.44	386.80	888.44	1182.34	0.88	8.40	14.28	32.80	43.65
浙江省	2079.05	13.23	160.85	249.06	560.18	1095.73	0.64	7.74	11.98	26.94	52.70
安徽省	833.20	8.40	86.63	148.99	255.92	333.25	1.01	10.40	17.88	30.72	40.00
福建省	953.93	7.15	86.36	131.17	268.66	460.60	0.75	9.05	13.75	28.16	48.28
江西省	615.52	15.38	59.88	105.14	200.19	234.93	2.50	9.73	17.08	32.52	38.17
山东省	2390.27	20.32	250.48	393.60	809.86	916.01	0.85	10.48	16.47	33.88	38.32
河南省	1490.42	13.72	148.53	282.78	508.81	536.58	0.92	9.97	18.97	34.14	36.00
湖北省	963.70	16.90	125.91	195.31	348.38	277.20	1.75	13.07	20.27	36.15	28.76
湖南省	929.48	9.83	108.92	184.97	309.89	315.86	1.06	11.72	19.90	33.34	33.98
广东省	3099.39	36.47	284.41	464.96	1054.95	1258.61	1.18	9.18	15.00	34.04	40.61
广西壮族自治区	488.57	6.40	62.21	109.76	156.88	153.32	1.31	12.73	22.47	32.11	31.38
海南省	116.21	1.40	15.23	22.18	36.91	40.50	1.20	13.10	19.08	31.76	34.85
四川省	1671.75	19.93	197.01	316.38	506.55	631.88	1.19	11.78	18.92	30.30	37.80
贵州省	302.52	2.36	42.46	74.25	72.99	110.45	0.78	14.04	24.55	24.13	36.51
云南省	450.61	4.80	62.06	95.42	114.00	174.32	1.07	13.77	21.18	25.30	38.69
陕西省	599.12	10.97	83.40	135.21	197.30	172.23	1.83	13.92	22.57	32.93	28.75
甘肃省	322.23	4.40	43.40	71.80	104.85	97.78	1.37	13.47	22.28	32.54	30.34
青海省	77.99	1.03	11.90	18.65	23.04	23.38	1.32	15.25	23.92	29.54	29.97
宁夏回族自治区	88.73	1.39	14.53	20.01	25.66	27.13	1.56	16.38	22.56	28.92	30.58
新疆维吾尔自治区	314.30	3.48	50.08	81.47	89.59	89.68	1.11	15.93	25.92	28.51	28.53

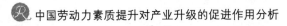

附表3　　　　　　　　　　　　2004 年各地区从业人员技术水平情况

地区	人数(万人)	各程度从业人员占从业总人数的比重（%）							
	从业人员总数	具有高级技术职称人员	具有中级技术职称人员	具有初级技术职称人员	高级技师	技师	高级工	中级工	普通劳动者
北京市	697.02	4.55	9.50	10.61	0.29	0.75	2.99	4.81	66.51
天津市	330.68	2.58	6.24	8.20	0.19	0.77	3.66	7.72	70.64
河北省	963.39	1.74	7.05	10.13	0.21	0.76	4.22	6.01	69.89
山西省	628.55	1.68	8.02	11.23	0.24	0.88	3.37	5.29	69.28
内蒙古自治区	306.82	2.28	9.77	12.03	0.35	1.08	3.93	3.88	66.68
辽宁省	838.09	2.96	9.13	9.79	0.31	0.91	4.56	5.85	66.49
吉林省	383.13	2.96	10.18	12.30	0.25	0.86	3.74	4.95	64.76
黑龙江省	532.97	3.07	10.08	10.84	0.37	1.57	4.75	5.85	63.47
上海市	910.28	1.79	6.02	7.33	0.17	0.52	1.32	4.29	78.56
江苏省	1882.67	1.28	5.36	8.28	0.18	0.59	1.95	5.29	77.06
浙江省	1570.19	1.01	4.53	8.07	0.15	0.45	1.18	2.73	81.88
安徽省	626.03	1.83	7.61	10.92	0.24	0.65	2.48	4.95	71.32
福建省	675.95	1.35	5.66	10.28	0.18	0.52	1.69	3.31	77.00
江西省	462.08	1.95	7.93	12.53	0.26	1.06	3.68	5.65	66.94
山东省	1785.66	1.77	6.59	10.29	0.22	0.66	2.62	5.28	72.56
河南省	1205.16	1.61	7.27	10.50	0.23	0.79	4.10	6.65	68.85
湖北省	714.18	3.00	11.38	12.76	0.42	1.45	5.12	6.72	59.15
湖南省	734.20	1.88	9.27	11.86	0.28	0.97	3.49	6.70	65.56
广东省	2318.59	1.14	4.65	7.67	0.26	0.65	1.34	2.93	81.37
广西壮族自治区	407.29	1.76	10.30	16.25	0.19	0.56	2.53	5.45	62.95
海南省	98.92	1.59	6.79	12.31	0.24	0.61	1.74	3.12	73.59
四川省	1287.65	1.98	8.55	13.27	0.32	1.02	3.53	7.09	64.24
贵州省	277.48	1.63	7.51	17.26	0.21	0.67	2.70	4.34	65.68
云南省	375.70	1.92	9.45	16.40	0.20	0.70	4.10	6.05	61.16
陕西省	474.13	2.43	8.23	12.73	0.32	1.03	4.63	6.63	64.00
甘肃省	310.47	1.79	7.85	12.75	0.23	0.72	4.30	7.30	65.06

地区	人数(万人)	各程度从业人员占从业总人数的比重（%）							
	从业人员总数	具有高级技术职称人员	具有中级技术职称人员	具有初级技术职称人员	高级技师	技师	高级工	中级工	普通劳动者
青海省	69.89	1.96	8.99	13.85	0.29	0.86	4.86	6.31	62.88
宁夏回族自治区	87.26	2.68	9.72	12.58	0.19	0.56	2.89	3.99	67.38
新疆维吾尔自治区	281.55	2.12	8.71	14.37	0.25	0.56	3.79	5.32	64.88

附表4   **2008 年各地区从业人员技术水平情况**

地区	人数(万人)	各程度从业人员占从业总人数的比重（%）							
	从业人员总数	具有高级技术职称人员	具有中级技术职称人员	具有初级技术职称人员	高级技师	技师	高级工	中级工	普通劳动者
北京市	793.9	4.27	8.65	9.61	0.40	0.86	3.09	4.01	69.12
天津市	441.0	2.78	6.29	7.73	0.29	0.78	3.02	3.51	75.62
河北省	1105.0	1.86	7.19	8.81	0.36	1.14	3.78	5.08	71.78
山西省	664.7	1.87	7.58	9.90	0.44	1.40	3.10	5.11	70.60
内蒙古自治区	433.5	2.48	8.10	8.47	0.58	1.37	2.98	3.14	72.90
辽宁省	1030.8	2.78	7.51	6.94	0.44	1.21	3.84	3.85	73.42
吉林省	471.4	2.71	7.71	8.18	0.37	1.04	2.99	3.35	73.65
黑龙江省	644.1	2.92	8.30	8.60	0.53	1.91	4.56	4.24	68.92
上海市	1041.2	1.68	5.37	6.66	0.21	0.61	1.38	3.41	80.68
江苏省	2708.7	1.23	4.52	6.50	0.26	0.90	1.92	4.38	80.29
浙江省	2079.0	1.13	4.34	7.10	0.25	0.70	1.29	2.76	82.43
安徽省	833.2	1.98	7.62	9.73	0.31	1.08	2.83	5.11	71.35
福建省	953.9	1.55	5.27	7.59	0.30	0.83	1.87	3.32	79.26
江西省	615.5	2.10	6.85	9.51	0.34	1.09	3.22	4.35	72.54
山东省	2390.3	1.59	5.52	7.72	0.27	0.92	2.52	4.49	76.96
河南省	1490.4	1.75	6.60	8.30	0.37	1.23	4.20	5.80	71.74
湖北省	963.7	2.65	8.50	9.27	0.67	1.59	3.55	4.50	69.27

地区	人数(万人)	各程度从业人员占从业总人数的比重（%）							
	从业人员总数	具有高级技术职称人员	具有中级技术职称人员	具有初级技术职称人员	高级技师	技师	高级工	中级工	普通劳动者
湖南省	929.5	2.13	8.62	11.08	0.45	1.26	3.40	7.86	65.20
广东省	3099.4	1.18	4.24	5.96	0.30	0.78	1.36	2.61	83.59
广西壮族自治区	488.6	1.85	9.76	13.12	0.32	0.85	2.89	5.03	66.17
海南省	116.2	2.06	7.14	10.91	0.35	0.80	1.82	3.31	73.60
四川省	1671.8	2.06	7.48	10.60	0.41	1.23	3.23	5.45	69.54
贵州省	302.5	1.96	8.26	14.69	0.30	0.83	2.63	4.02	67.31
云南省	450.6	2.37	9.46	14.11	0.32	1.08	4.12	4.89	63.66
陕西省	599.1	2.58	7.91	10.84	0.39	1.26	4.11	5.14	67.77
甘肃省	322.2	2.25	8.11	11.72	0.42	0.98	4.78	5.90	65.84
青海省	78.0	3.04	9.62	10.91	0.41	1.13	4.94	3.65	66.30
宁夏回族自治区	88.7	3.38	10.37	12.00	0.57	0.93	3.11	5.22	64.42
新疆维吾尔自治区	314.3	2.64	8.42	11.89	1.52	0.94	5.20	5.96	63.42

附表5　2004年各地区不同技术水平的劳动力利用效率损失值

地区	从业人员	具有高级技术职称人员	具有中级技术职称人员	具有初级技术职称人员	高级技师	技师	高级工	中级工	普通劳动者
北京市	0.131	0.031	0.020	0.007	0.019	0.016	0.021	0.017	0.000
天津市	0.000	0.000	0.000	0.000	-0.000	0.000	0.000	0.000	0.000
河北省	-0.000	-0.000	-0.000	0.000	0.000	-0.000	-0.000	-0.000	0.000
山西省	0.175	0.020	0.023	0.017	0.021	0.026	0.029	0.026	0.013
内蒙古自治区	0.000	0.000	0.000	0.000	0.000	-0.000	0.000	0.000	0.000
辽宁省	-0.000	-0.000	-0.000	0.000	-0.000	-0.000	-0.000	-0.000	0.000
吉林省	0.139	0.025	0.022	0.012	0.015	0.020	0.026	0.019	0.001
黑龙江省	-0.000	-0.000	-0.000	0.000	0.000	-0.000	-0.000	-0.000	0.000
上海市	0.000	0.000	0.000	0.000	0.000	0.000	0.000	0.000	0.000
江苏省	0.000	-0.000	0.000	0.000	0.000	0.000	0.000	0.000	0.000

地区	从业人员	具有高级技术职称人员	具有中级技术职称人员	具有初级技术职称人员	高级技师	技师	高级工	中级工	普通劳动者
浙江省	0.000	0.000	0.000	0.000	0.000	-0.000	0.000	0.000	0.000
安徽省	0.109	0.016	0.016	0.009	0.015	0.014	0.018	0.019	0.004
福建省	0.000	-0.000	0.000	0.000	0.000	0.000	0.000	-0.000	0.000
江西省	0.147	0.018	0.018	0.014	0.017	0.025	0.027	0.023	0.004
山东省	0.000	0.000	0.000	0.000	0.000	0.000	0.000	0.000	0.000
河南省	0.128	0.015	0.017	0.012	0.009	0.017	0.029	0.026	0.003
湖北省	0.000	0.000	0.000	0.000	0.000	0.000	0.000	0.000	0.000
湖南省	0.137	0.016	0.020	0.011	0.019	0.022	0.024	0.024	0.000
广东省	-0.000	-0.000	0.000	0.000	-0.000	-0.000	-0.000	-0.000	0.000
广西壮族自治区	0.000	0.000	-0.000	-0.000	0.000	0.000	0.000	0.000	0.000
海南省	0.000	0.000	0.000	0.000	0.000	0.000	0.000	-0.000	0.000
四川省	0.140	0.017	0.019	0.017	0.018	0.021	0.024	0.024	0.000
贵州省	0.154	0.018	0.020	0.024	0.015	0.019	0.025	0.022	0.011
云南省	0.042	0.001	0.007	0.013	0.000	0.000	0.014	0.007	0.000
陕西省	0.150	0.022	0.017	0.013	0.021	0.024	0.029	0.024	0.000
甘肃省	0.185	0.022	0.023	0.021	0.020	0.023	0.032	0.031	0.014
青海省	0.000	0.000	0.000	0.000	0.000	0.000	0.000	0.000	0.000
宁夏回族自治区	0.000	0.000	0.000	0.000	0.000	0.000	0.000	0.000	0.000
新疆维吾尔自治区	0.117	0.018	0.017	0.015	0.013	0.007	0.026	0.020	0.000
东北	0.046	0.008	0.007	0.004	0.005	0.007	0.009	0.006	0.000
东部	0.013	0.003	0.002	0.001	0.002	0.002	0.002	0.002	0.000
中部	0.116	0.014	0.016	0.011	0.014	0.017	0.021	0.019	0.004
西部	0.131	0.031	0.020	0.007	0.019	0.016	0.021	0.017	0.000

注：带"-"号表示利用效率损失值为负值。

附表 6   2008 年各地区不同技术水平的劳动力利用效率损失值

地区	从业人员	具有高级技术职称人员	具有中级技术职称人员	具有初级技术职称人员	高级技师	技师	高级工	中级工	普通劳动者
北京市	0.168	0.030	0.023	0.020	0.025	0.020	0.028	0.016	0.007
天津市	0.000	0.000	0.000	0.000	0.000	0.000	0.000	0.000	0.000
河北省	0.000	-0.000	0.000	0.000	0.000	0.000	0.000	0.000	0.000
山西省	0.154	0.012	0.018	0.018	0.025	0.027	0.027	0.020	0.006
内蒙古自治区	0.000	0.000	0.000	-0.000	0.000	0.000	0.000	0.000	0.000
辽宁省	0.000	0.000	0.000	0.000	0.000	0.000	0.000	0.000	0.000
吉林省	0.100	0.017	0.014	0.007	0.017	0.018	0.023	0.003	0.001
黑龙江省	0.000	0.000	0.000	0.000	0.000	0.000	0.000	0.000	0.000
上海市	0.000	0.000	0.000	0.000	0.000	-0.000	0.000	0.000	0.000
江苏省	0.000	0.000	0.000	0.000	0.000	0.000	0.000	0.000	0.000
浙江省	0.052	0.000	0.005	0.012	0.007	0.008	0.006	0.006	0.008
安徽省	0.138	0.013	0.018	0.018	0.018	0.022	0.025	0.020	0.004
福建省	-0.000	0.000	0.000	-0.000	-0.000	-0.000	-0.000	0.000	0.000
江西省	0.145	0.016	0.016	0.018	0.020	0.023	0.028	0.017	0.007
山东省	0.000	0.000	0.000	0.000	0.000	0.000	0.000	-0.000	0.000
河南省	0.130	0.011	0.014	0.013	0.017	0.021	0.030	0.022	0.000
湖北省	-0.000	-0.000	-0.000	-0.000	-0.000	-0.000	-0.000	-0.000	0.000
湖南省	0.103	0.006	0.015	0.018	0.015	0.011	0.015	0.025	0.007
广东省	-0.000	-0.000	0.000	-0.000	-0.000	0.000	-0.000	0.000	0.000
广西壮族自治区	0.000	0.000	0.000	0.000	0.000	0.000	0.000	0.000	0.000
海南省	-0.000	-0.000	-0.000	-0.000	-0.000	-0.000	0.000	-0.000	-0.000
四川省	0.111	0.013	0.016	0.019	0.011	0.012	0.018	0.021	0.000
贵州省	0.132	0.013	0.019	0.024	0.014	0.016	0.023	0.016	0.007
云南省	0.105	0.011	0.018	0.022	0.006	0.010	0.022	0.016	0.000
陕西省	0.179	0.022	0.021	0.022	0.024	0.027	0.031	0.023	0.008
甘肃省	0.156	0.020	0.020	0.020	0.018	0.017	0.031	0.026	0.004
青海省	-0.000	0.000	0.000	0.000	-0.000	0.000	0.000	-0.000	-0.000
宁夏回族自治区	0.000	0.000	0.000	0.000	0.000	0.000	0.000	0.000	0.000

地区	从业人员	具有高级技术职称人员	具有中级技术职称人员	具有初级技术职称人员	高级技师	技师	高级工	中级工	普通劳动者
新疆维吾尔自治区	0.095	0.008	0.007	0.010	0.033	0.000	0.020	0.017	0.000
东北	0.033	0.006	0.005	0.002	0.006	0.006	0.008	0.001	0.000
东部	0.022	0.003	0.003	0.003	0.003	0.003	0.003	0.002	0.002
中部	0.112	0.010	0.014	0.014	0.016	0.018	0.021	0.017	0.003
西部	0.078	0.009	0.010	0.012	0.011	0.008	0.015	0.012	0.002

注：带"－"号表示利用效率损失值为负值。

附表7　　2004 年各地区不同学历水平的劳动力利用效率损失值

地区	从业人员	具有研究生学历人员	具有大学本科学历人员	具有大学专科学历人员	具有高中学历人员	具有初中及以下学历人员
北京市	0.186	0.061	0.049	0.034	0.021	0.021
天津市	0.000	0.000	0.000	0.000	0.000	0.000
河北省	0.017	0.000	0.003	0.011	0.002	0.002
山西省	0.169	0.029	0.033	0.039	0.034	0.034
内蒙古自治区	0.000	0.000	0.000	0.000	0.000	0.000
辽宁省	0.000	0.000	0.000	0.000	0.000	0.000
吉林省	0.105	0.030	0.026	0.019	0.015	0.015
黑龙江省	0.000	0.000	0.000	-0.000	0.000	0.000
上海市	0.000	0.000	0.000	0.000	0.000	0.000
江苏省	0.000	0.000	0.000	-0.000	0.000	0.000
浙江省	0.000	-0.000	0.000	0.000	0.000	0.000
安徽省	0.089	0.023	0.019	0.021	0.013	0.013
福建省	0.000	-0.000	0.000	0.000	0.000	0.000
江西省	0.096	0.013	0.020	0.024	0.020	0.020
山东省	0.000	0.000	0.000	0.000	0.000	0.000
河南省	0.091	0.005	0.018	0.029	0.020	0.020
湖北省	0.000	0.000	0.000	0.000	0.000	0.000

续表

地区	从业人员	具有研究 生学历人员	具有大学 本科学历 人员	具有大学 专科学历 人员	具有高中 学历人员	具有初中 及以下 学历人员
湖南省	0.088	0.021	0.014	0.024	0.014	0.014
广东省	-0.000	-0.000	-0.000	-0.000	-0.000	-0.000
广西壮族自治区	0.063	0.010	0.006	0.022	0.013	0.013
海南省	0.000	0.000	0.000	0.000	0.000	0.000
四川省	0.097	0.024	0.027	0.028	0.009	0.009
贵州省	0.106	0.004	0.030	0.034	0.019	0.019
云南省	0.072	0.018	0.020	0.022	0.006	0.006
陕西省	0.164	0.041	0.032	0.036	0.028	0.028
甘肃省	0.154	0.026	0.028	0.037	0.031	0.031
青海省	0.000	0.000	0.000	0.000	0.000	0.000
宁夏回族自治区	0.023	0.000	0.015	0.008	0.000	0.000
新疆维吾尔自治区	0.058	0.000	0.020	0.031	0.004	0.004
东北	0.035	0.010	0.009	0.006	0.005	0.005
东部	0.020	0.006	0.005	0.004	0.002	0.002
中部	0.089	0.015	0.017	0.023	0.017	0.017
西部	0.074	0.012	0.018	0.022	0.011	0.011

注：带"-"号表示利用效率损失值为负值。

附表8　　2008年各地区不同学历水平的劳动力利用效率损失值

地区	从业人员	具有研究生 学历人员	具有大学 本科学历 人员	具有大学 专科学历 人员	具有高中 学历人员	具有初中 及以下 学历人员
北京市	0.279	0.135	0.143	0.054	0.041	0.023
天津市	0.000	0.000	0.000	0.000	0.000	0.000
河北省	0.000	0.000	0.000	0.000	0.000	0.000
山西省	0.233	0.088	0.145	0.026	0.032	0.035
内蒙古自治区	0.000	0.000	0.000	0.000	0.000	0.000

续表

地区	从业人员	具有研究生学历人员	具有大学本科学历人员	具有大学专科学历人员	具有高中学历人员	具有初中及以下学历人员
辽宁省	0.000	0.000	0.000	0.000	− 0.000	0.000
吉林省	0.191	0.126	0.065	0.019	0.016	0.013
黑龙江省	0.000	0.000	− 0.000	− 0.000	− 0.000	0.000
上海市	− 0.000	− 0.000	− 0.000	− 0.000	− 0.000	− 0.000
江苏省	0.000	0.000	0.000	0.000	− 0.000	0.000
浙江省	0.000	0.000	0.000	0.000	0.000	0.000
安徽省	0.185	0.095	0.090	0.023	0.016	0.022
福建省	0.000	0.000	0.000	0.000	0.000	0.000
江西省	0.225	0.099	0.127	0.050	0.015	0.022
山东省	0.000	0.000	0.000	0.000	0.000	0.000
河南省	0.106	0.040	0.066	0.012	0.008	0.019
湖北省	− 0.000	− 0.000	− 0.000	− 0.000	− 0.000	− 0.000
湖南省	0.059	0.012	0.046	0.000	0.007	0.016
广东省	0.000	− 0.000	0.000	0.000	0.000	0.000
广西壮族自治区	0.096	0.068	0.028	0.000	0.003	0.015
海南省	− 0.000	− 0.000	− 0.000	− 0.000	− 0.000	− 0.000
四川省	0.055	0.000	0.055	0.011	0.018	0.019
贵州省	0.182	0.105	0.077	0.005	0.028	0.034
云南省	0.138	0.086	0.052	0.009	0.021	0.023
陕西省	0.271	0.122	0.149	0.039	0.029	0.033
甘肃省	0.217	0.068	0.149	0.035	0.030	0.034
青海省	− 0.000	− 0.000	− 0.000	0.000	− 0.000	0.000
宁夏回族自治区	0.155	0.057	0.025	0.014	0.009	0.002
新疆维吾尔自治区	0.121	0.079	0.043	0.000	0.018	0.022
东北	0.064	0.042	0.022	0.006	0.005	0.004
东部	0.028	0.014	0.014	0.005	0.004	0.002
中部	0.135	0.056	0.079	0.018	0.013	0.019
西部	0.124	0.058	0.058	0.011	0.016	0.018

注：带"−"号表示利用效率损失值为负值。

参考文献

代谦、别朝霞：《FDI、人力资本积累与经济增长》，《经济研究》2006 年第
　　4 期。

李小平、卢现祥：《中国制造业的结构变动和生产率增长》，《世界经济》
　　2007 年第 5 期。

刘万翔：《科学技术教育与美国近代科学技术和工业生产的发展》，《当代经
　　济科学》1990 年第 3 期。

吕铁：《制造业结构变化对生产率增长的影响研究》，《管理世界》2002 年
　　第 2 期。

尚鸿：《80 年代前后美国产业结构的调整及其影响》，《国外社会科学情况》
　　1997 年第 1 期。

沈亚男：《试论科教发展对 19 世纪美国工业化的推动》，《甘肃科技纵横》
　　2009 年第 1 期。

王兵等：《中国区域环境效率与环境全要素生产率增长》，《经济研究》2010
　　年第 5 期。

吴福象、朱蕾：《技术嵌入、产业融合与产业结构转换效应》，《上海经济研
　　究》2011 年第 2 期。

杨立岩、潘慧峰：《人力资本、基础研究与经济增长》，《经济研究》2003
　　年第 4 期。

杨永贵：《劳动力素质结构与制造业结构升级关系实证分析——以广东省为
　　例》，《现代经济信息》2009 年第 7 期。

张军等：《结构改革与中国工业增长》，《经济研究》2009 年第 7 期。

张军等：《中国省际物质资本存量估算：1952～2000》，《经济研究》2004
　　年第 10 期。

张文杰：《爱尔兰成人职业教育与培训管窥》，《现代商业》2009 年第 3 期。

张翼、何有良：《产业结构变迁、要素重置与中国经济增长》，《经济经纬》
2010 年第 3 期。

中国经济增长与宏观稳定课题组：《劳动力供给效应与中国经济增长路径转换》，《经济研究》2007 年第 10 期。

朱诸：《美国：科技创新成就经济大国》，http：//news. xinhuanet. com/mrdx/2010 - 10/20/c_ 13566079. htm，2010 年 10 月 20 日。

朱卫平、陈林：《产业升级的内涵与模型研究》，《经济学家》2011 年第
2 期。

Chambers, Robert G. , Rolf Färe and Shawna Grosskopf, "Productivity Growth in APEC Countries", *Pacific Economic Review*, 1996, Vol. 1, No. 3, pp. 181 – 190.

Chenery H. B. , S. Robinson and M. Syrquin, *Industrialization and Growth*：A *Comparative Study*, New York：Oxford University, 1986.

Coolahan, John, *Irish Education*：*Its History and Structure*, Dublin：Institute of Public Administration, 1981.

Denison E. F. , *Accounting for United States Economic Growth*, 1929 – 1969, Washington, D. C. ：The Brookings Institution, 1974.

Färe, Rolf, and Shawna Grosskopf, "Directional Distance Functions and Slacks – based Measures of Efficiency", *European Journal of Operation Research*, Vol. 200, No. 1, 2010, pp. 320 – 322.

Färe, Rolf, Shawna Grosskopf, Mary Norris and Zhongyang Zhang, "Productivity Growth, Technical Progress, and Efficiency Change in Industrialized Countries", *American Economic Review*, Vol. 84, No. 1, 1994, pp. 66 – 83.

Fukuyama, Hirofumi and William L. Weber, " A Directional Slacks – based Measure of Technical Inefficiency", *Socio – Economic Planning Science*, Vol. 43, No. 4, 2009, pp. 274 – 287.

Gereffi Gary and Miguel Korzeniewicz, *Commodity Chains and Global Capitalism*, Westport, CT：Praeger Greenwool, 1994.

Gereffi Gary, "A Commodity Chains Framework for Analyzing Global Industries", *Institute of Development Studies*, 1999.

Gereffi Gary, "International Trade and Industrial Upgrading in the Apparel Commodity Chain", *Journal of International Economics*, Vol. 48, No. 1, pp. 37 – 70.

Geref, Gary, "The Governance of Global Value Chains", *Review of International Political Economy*, Vol. 12, No. 1, 2005, pp. 78 – 104.

Harberger A. C. , "A Vision of the Growth Process", *American Economic Review*, Vol. 88, No. 1, 1998, pp. 1 – 32.

Hirofumi Uzawa, "Optimum Technical Change in An Aggregative Model of Economic Growth", *International Economic Review*, Vol. 6, No. 1, 1965, pp. 18 – 31.

Humphrey J. and Schmitz H. , "How Does Insertion in Global Value Chains Affect Upgrading in Industrial Cluster", *Regional Studies*, Vol. 36, No. 9, 2002, pp. 1017 – 1027.

Ireland Stationery Office, *That Was Then, This Is Now Change in Ireland*, 1949 – 1999, Dublin : CSO, 2000.

Kendrick J. W. , *Sources of Growth in Real Product and Productivity in Eight Countries*, 1960 – 1978, New York: Office of Economic Research, New York Stock Exchange, 1981.

Lewis J. D. , "Technology, Enterprise, and American Economic Growth", *Science*, Vol. 215, No. 4537, 1982, pp. 1204 – 1211.

Lucas, Robert, "On the Mechanics of Economic Development", *Journal of Monetary Economics*, Vol. 22, No. 1, 1988, pp. 3 – 42.

OECD, *Education at a Glance* 2009: *OECD Indicators*, OECD Publishing, 2009.

OECD, *Organisation for Economic Cooperation and Development*, OECD Publishing, 2006.

OECD, *Learning for Jobs OECD Reviews of Vocational Education and Training*: *Ireland*, OECD Publishing, 2010.

OECD, *Higher Education in Ireland*, OECD Publishing, 2006.

Porter M. E. , *The Competitive Advantage of Nations*, New York: Free Press, 1990.

Romer P. , "Endogenous Technological Change", *Journal of Political Economy*, Vol. 5, No. 2, 1990, pp. S71 – S102.

Schultz, Theodore W. , "Capital Formation by Education", *Journal of Political Economy*, Vol. 68, No. 3, 1960, pp. 571 – 583.

Sweeney, Paul, *The Celtic Tiger: Ireland's Economic Miracle Explained*, Hanford: Oak Tree Press, 1998.

Teresa Shuk – Ching Poon, "Beyond the Global Production Networks: A Case for Further Upgrading of Taiwan's Information Technology Industry", *International Journal of Technology and Globalisation*, Vol. 1, No. 1, pp. 130 – 144.

Thomas A. O'Donoghue, "Catholic Influence and the Secondary School Curriculum in Ireland, 1922 – 1962", *History of Education Review*, Vol. 28, No. 2, 1999, pp. 16 – 29.

Uzawa, Hirofumi, "Optimal Technical Change in an Aggregative Model of Economic Growth", *International Economic Review*, Vol. 6, No. 1, 1965, pp. 18 – 31.

索　引

后 记

本书的雏形是我在中国社会科学院工业经济研究所从事博士后研究工作的研究报告。工业经济研究所十分注重研究现实经济问题，注重经济理论与实践的紧密结合。这种研究氛围给刚从高校毕业的我带来了新的研究导向和兴趣，于是，我将在攻读博士学位期间对劳动力的研究与当前产业升级的热点重大问题相结合，形成了博士后研究报告的选题方向。在本书顺利完成并交付出版之际，我的内心充满了感激！感谢工业经济研究所给了我众多调查研究的机会，使我对中国现实经济有了更进一步的了解，并使本书中的大样本问卷调查和对典型企业的调查得以顺利实施和完成；感谢李钢研究员在选题过程中给予的指导以及研究过程中给予的各方面支持，为我的科研创造了更便利的条件并使我不断成长。在工业经济研究所，无论是著名经济学家、资深研究员还是所领导，都十分关心青年学者的发展；在这里，我要特别衷心地感谢我的导师金碚研究员、合作导师张其仔研究员以及黄群慧研究员等，他们所给予的或高屋建瓴或具体而详细的指导，或直接或间接的帮助，都形成了我科研道路上前进的推动力，使我内心温暖而感动！最后，感谢经济管理出版社的编辑们在本书出版过程中认真、细致的工作！

中国经济正在经历持续的深刻变革，每一名经济学人都在试图用自己的所学和视角来理解和阐释中国经济所取得的进步和遇到的问题，本书只是其中一个小小的缩影。作为一名经济学人，身处这样难遇的改革浪潮，用每一个实践来检验和推进经济理论的发展，何其幸也。

梁泳梅

2014 年 7 月

图书在版编目（CIP）数据

中国劳动力素质提升对产业升级的促进作用分析/梁泳梅著．—北京：经济管理出版社，2014.10

ISBN 978 - 7 - 5096 - 3304 - 5

Ⅰ．①中… Ⅱ．①梁… Ⅲ．①劳动力素质—关系—产业结构升级—研究—中国 Ⅳ．①F241②F121.3

中国版本图书馆 CIP 数据核字（2014）第 187227 号

组稿编辑：宋 娜
责任编辑：许 兵
责任印制：司东翔
责任校对：陈 颖

出版发行：经济管理出版社
　　　　　（北京市海淀区北蜂窝 8 号中雅大厦 A 座 11 层　100038）
网　　址：www. E - mp. com. cn
电　　话：(010) 51915602
印　　刷：北京晨旭印刷厂
经　　销：新华书店
开　　本：720mm × 1000mm/16
印　　张：15.25
字　　数：249 千字
版　　次：2014 年 10 月第 1 版　2014 年 10 月第 1 次印刷
书　　号：ISBN 978 - 7 - 5096 - 3304 - 5
定　　价：82.00 元